Résumé analytique

du

Cours de Philosophie

pour le second examen

du Baccalauréat

PAR

Ed. GASC-DESFOSSÉS
Professeur de philosophie
Membre de l'Institut général psychologique

PARIS

LIBRAIRIE CROVILLE-MORANT

20, rue de la Sorbonne, 20

8°R
18688

Résumé analytique

du

Cours de Philosophie

pour le Baccalauréat

EN VENTE A LA MÊME LIBRAIRIE

Ed. Gasc-Desfossés. — *Règles pratiques pour la dissertation philosophique*, in-12, avec un tableau synoptique à la fin du volume.................................. 1 fr. 25

Ed. Gasc-Desfossés. — *Résumé de l'histoire de la philosophie*, in-32, avec nombreux tableaux synoptiques répartis dans le texte, et un index alphabétique des noms cités dans l'ouvrage............................... 1 fr. »

Ed. Gasc-Desfossés. — *Études sur les auteurs philosophiques*, in-32, contenant l'analyse des auteurs français, latins et grecs qui doivent être expliqués dans la classe de philosophie................................. 1 fr. 50

Ed. Gasc-Desfossés. — Réponses aux questions du programme d'*Histoire de la Littérature française*, à l'usage des candidats aux Baccalauréats, aux examens de l'Enseignement secondaire des jeunes filles et de l'Enseignement primaire supérieur. 1 vol. in-32 avec nombreux tableaux synoptiques, deux tableaux récapitulatifs, etc.. 1 fr. »

Ed. Gasc-Desfossés. — Réponses aux questions d'*Histoire de la Littérature latine*, d'après les derniers programmes des divers examens. 1 vol. in-32 avec nombreux tableaux synoptiques, etc...................................... 1 fr. »

Ed. Gasc-Desfossés. — Réponses aux questions d'*Histoire de la Littérature grecque* d'après les derniers programmes des divers examens. 1 vol. in-32 avec nombreux tableaux synoptiques, un tableau synchronique, etc.... 1 fr. »

A LA SOCIÉTÉ D'ÉDITIONS SCIENTIFIQUES :

Ed. Gasc-Desfossés. — *Magnétisme vital, expériences récentes d'enregistrement*, in-12, xviii 335 pages...... 6 fr. »

Résumé analytique du Cours de Philosophie pour le second examen du Baccalauréat

PAR

Ed. GASC-DESFOSSÉS
Professeur de philosophie
Membre de l'Institut général psychologique

PARIS
LIBRAIRIE CROVILLE-MORANT
20, rue de la Sorbonne, 20

PRÉFACE DE LA SECONDE ÉDITION

En publiant cette nouvelle édition d'un petit volume, qui a fait très honorablement son chemin parmi les publications du même genre, nous tenons tout d'abord à remercier nos lecteurs, et particulièrement bon nombre de nos collègues, pour l'accueil favorable qu'ils ont bien voulu lui faire.

Le but de notre petit livre a été bien compris : sans lui donner les dimensions d'un *Cours de philosophie*, même de proportions restreintes, nous avons voulu en faire aussi beaucoup plus qu'un sommaire pur et simple, qui ne rappelle aucune explication, et s'adresse presque exclusivement à la mémoire. Nous nous sommes donc efforcé de lui conserver ce même caractère, en donnant plus de rigueur encore à la méthode que nous avons adoptée; nous avons dû modifier aussi çà et là l'ordre de succession des questions traitées, pour mieux mettre notre travail en harmonie avec les derniers programmes, nous réservant d'ailleurs une certaine latitude pour les grouper de la manière qui nous semblait la plus satisfaisante, comme le programme lui-même en laisse la liberté au professeur. Nous nous sommes préoccupé surtout de montrer avec la plus grande clarté possible la liaison des questions entre elles ; enfin, nous avons voulu donner une place un peu plus large à quelques problèmes qui ont, dans ces dernières années, acquis définitivement droit de cité dans nos programmes classiques, ou qui sont susceptibles d'être proposés, pour être traités avec plus de détails. Par là s'explique le développement plus grand donné à la seconde édition de ce *Résumé analytique*: Nous avons voulu, en effet, non seulement indiquer nettement toutes les grandes lignes d'un cours de philosophie, mais encore toucher aux questions un peu plus spéciales qui, précédemment, étaient laissées de côté ou à peine indiquées dans l'enseignement secondaire, de façon que nos élèves de philosophie ne se trouvent pris au dépourvu sur aucune.

Tout notre désir est que, dans cette seconde édition, mieux encore que dans la première, notre devise « *Multa paucis* » apparaisse justifiée ; nous serons grandement satisfait si nous pouvons aider nos « philosophes », d'abord pour leur rendre plus facile le premier contact avec leur cours au début de l'année, puis pour une revision intelligente et raisonnée des matières du programme avant leur examen.

Ed. G.-D.

INTRODUCTION

SCIENCE ET PHILOSOPHIE. — OBJET ET DIVISIONS DE LA PHILOSOPHIE

I. De la connaissance en général ; de la science. — Au sens le plus général, la connaissance est l'acte par lequel l'esprit constate *ce qui est* (τὸ ὅ τι, Arist.), sans se préoccuper d'en connaître la raison : c'est la connaissance vulgaire ; la science cherche cette *raison* (τὸ διότι). Les raisons des choses sont de deux sortes : les *causes,* les *lois.* La *cause* d'un fait est l'antécédent invariable qui suffit à le déterminer (*vere scire est scire per causas,* Bacon) ; la *loi* est le rapport constant selon lequel la cause produit son effet (lois de *succession* dans les sciences physiques), ou le rapport nécessaire entre un principe et ses conséquences (lois de *coexistence* dans les sciences abstraites ou mathématiques).

Conditions et caractères de la connaissance scientifique. — Toute science est constituée par un *objet* propre, et une *méthode* appropriée à cet objet. Exemple : la géométrie, science des grandeurs, a pour méthode la démonstration.

La connaissance vulgaire se contente d'*à peu près,*

ne cherche que des *analogies* entre des *cas particuliers*, et ne dépasse pas la *routine* ; la science tend à la *précision*, renferme ses résultats dans des formules *générales*, et dispose d'une *méthode* rigoureuse.

Il n'y a *pas de science du particulier* : ce serait *impossible* d'abord (comment constater *tous* les cas possibles ?) ; et même possible, ce serait *inutile* (puisqu'on ne pourrait anticiper sur l'avenir); tandis que la science *générale* est *possible* (grâce aux principes universels de la raison), et seule *utile* (car elle permet de « prévoir et de pourvoir », St. Mill).
— Donc toute science est un « ensemble de connaissances rigoureuses, générales, méthodiques ».

La science et l'art. — *a*) La science a pour *objet* la connaissance du réel, du *vrai*, l'objet de l'art est l'invention de l'*idéal* ;

b) L'ensemble des *facultés* au service de la science est l'*entendement*, la faculté esthétique est l'*imagination* créatrice ;

c) Le *résultat* de la science est la conception de l'*abstrait*, du général ; celui de l'art est la conception du *concret*, de l'individuel (une mélodie, une statue).

On a voulu les opposer: *a*) Il y a un *progrès* dans la science, il ne peut y avoir de progrès dans l'art ;

b) L'art correspond aux origines de l'humanité, la science à son âge adulte ; la *connaissance positive* remplace peu à peu les *fables* et les fictions ;

c) Le développement de la faculté esthétique (*imagination*) et celui des facultés scientifiques (*enten-*

dement) sont en *raison inverse* : « Moins l'esprit comprend, tout en percevant beaucoup, plus grande est la faculté qu'il a de feindre; et plus il comprend, plus cette faculté diminue » (Spinosa).

RÉPONSE : — *a*) La première remarque est vraie, mais ne prouve rien que la diversité des conditions de formation de la science et de l'art ;

b) *La science ne fait pas disparaître l'art*, il n'y a pas moins de poètes, de peintres, de sculpteurs, aujourd'hui qu'au temps d'Homère ; d'ailleurs toute science peut avoir sa poésie (astronomie), l'art pouvant toujours transformer en son langage les résultats obtenus par la science ; enfin la science n'est pas inutile à l'art (Michel-Ange, L. de Vinci), la chimie est utile à la peinture ;

c) Le *résultat* de l'imagination et celui de l'entendement, loin de s'exclure, sont *solidaires* et corrélatifs, quoique en proportion différente, dans la science et dans l'art.

La science et les sciences. — A mesure que l'esprit humain s'est développé et a acquis davantage, le travail scientifique s'est subdivisé et différencié de plus en plus. Ainsi se sont formées successivement les diverses sciences, qui peuvent toutes se distribuer dans quatre grands groupes : sciences *mathématiques, physiques, naturelles, morales* (1) ; dans ce dernier groupe sont les sciences philosophiques.

On appelle *la* Science la réunion des sciences

---

(1) Nous réservons pour la Logique le problème de la *classification des sciences* proprement dite.

spéciales, ou la synthèse des vérités scientifiques acquises à une époque déterminée : synthèse toujours provisoire et revisable, car « la science », totalement et définitivement constituée, est un idéal irréalisable pour la pensée humaine.

II. Les sciences morales et la philosophie. — La philosophie a une place à part dans le groupe des *sciences morales* : celles-ci (histoire, droit, sciences du langage...) étudient les manifestations extérieures de la vie intellectuelle et morale, tandis que la *philosophie* étudie l'âme elle-même, ou l'être spirituel, principe des faits d'ordre moral (psychologie, logique, morale, théodicée). Les sciences philosophiques ont donc une place privilégiée dans le groupe des sciences morales, et elles les dominent toutes.

Double objet de la philosophie : l'âme humaine, et Dieu principe de toute existence. Divisions de la philosophie. — L'exercice des opérations de l'âme (sensibilité, intelligence, volonté) se révèle à chacun par la conscience : cette description de la vie intérieure du moi est la *psychologie*. La *logique* détermine les lois auxquelles doit se conformer le développement de l'intelligence ; la *morale* cherche la loi de la volonté ; l'*esthétique* les lois de l'exercice de la sensibilité dans ses rapports avec l'imagination. C'est le groupe des *sciences psychologiques*.

Mais d'autres questions restent à résoudre : quelle est la *nature intime* des *êtres* dont les diverses sciences étudient les manifestations et les lois dans la nature? Ce sont les sciences *métaphysiques* (μετά, au-dessus, — φύσις, nature). Qu'est-ce que la *matière* ? qu'est-ce que la *vie* ? qu'est-ce que l'*esprit* ? et enfin question suprême : quelle est la nature de la *Cause première*, par laquelle s'expliquent tous les êtres de la nature? D'où trois sciences métaphysiques : *Cosmologie rationnelle* (matière et vie), *Psychologie rationnelle* (l'âme en soi), *Théologie rationnelle* (Dieu) (1).

Synthèse des diverses définitions : la philosophie « science de l'être ». — Plusieurs définitions, souvent citées, doivent être rappelées. Aristote : « science des *premiers principes* » (principes de *connaissance* ou vérités premières, principes de l'*être* ou conditions nécessaires de toute existence) ; — Cicéron, Bossuet : « connaissance *de Dieu et de soi-même* » ; — Platon : « science des *réalités intelligibles* » ; — Aristote : « science de l'*être en tant qu'être* ». Toutes ces définitions peuvent être réunies en une seule, la dernière d'Aristote : « la philosophie est la *science de l'être* ».

Philosophie spéculative et philosophie pratique. — On peut encore diviser les sciences philosophiques en deux groupes : *philosophie spéculative* (psychologie et métaphysique), *philosophie pratique* (esthétique, logique, morale, étude des lois auxquelles doivent se conformer la sensibilité et l'imagination, l'intelligence, la volonté).

(1) Le sens exact de ces expressions sera indiqué en Métaphysique, lorsque viendra l'étude des questions elles-mêmes.

Méthode de la philosophie. — Après avoir déterminé l'objet de la philosophie, reste à indiquer sa méthode. Ce ne peut être :

1º une méthode toute d'*autorité* : la certitude ne peut en effet reposer sur une affirmation d'autrui (certains scolastiques), elle ne peut résulter que de l'usage de la réflexion et de la raison.

2º Elle ne peut être non plus toute *déductive* ou *ontologique* (Spinoza, Hegel), ou tout *a priori* (indépendante de l'expérience) : une construction ainsi faite serait hypothétique, et d'ailleurs impossible (son point de départ, *Substance* de Spinoza, *Idée* de Hegel, est en réalité une notion, donnée d'abord dans la conscience, c'est-à-dire dans les faits).

3º Elle n'est pas non plus tout *a posteriori*, ou *inductive* ; en effet, de la pure et simple constatation des faits (empirisme, positivisme), ne peut sortir la conception des vérités nécessaires, et surtout de l'Etre absolu et nécessaire par lequel s'expliquent toutes choses.

La vraie méthode est la méthode *réflexive* ou de *transcendance* (Janet). Les sciences qui étudient l'esprit humain doivent venir d'abord, les sciences métaphysiques ensuite : « la connaissance de nous-mêmes nous élève à la connaissance de Dieu » (Bossuet). Donc induction d'abord, déduction ensuite ; les deux pôles de la connaissance philosophique sont « le moi d'où tout part, Dieu où tout aboutit » (Maine de Biran). La vraie méthode est dès lors de remonter des effets aux causes, des conséquences aux principes, pour découvrir ensuite, en prenant comme point de départ le principe souverain, d'autres conséquences nouvelles et d'autres effets.

III. Science et philosophie : divorce ou union nécessaire ? — A l'origine (avant Socrate), le savoir est un : philosophie et science ne sont pas distinctes. Avec Socrate, les deux ordres de recherches commencent à se distinguer (méthode propre de la philosophie aperçue : γνῶθι σεαυτον). Aujourd'hui, la distinction est si tranchée qu'on va jusqu'à opposer souvent les sciences positives et la métaphysique, la science prétendant exproprier peu à peu la philosophie.

La philosophie reste pourtant une science à part (*science de l'être*), privilégiée, souveraine, dont les autres sciences sont dépendantes.

— Il y a deux façons opposées de concevoir les rapports de la philosophie et des sciences.

1º Conception positiviste : la philosophie est « la science des sciences », c'est-à-dire la systématisation des résultats les plus généraux des diverses sciences. Mais toute science suppose un ou des principes directeurs (cause, espace,...) qui sont l'objet de la philosophie ; ce sont donc les sciences qui dépendent de la philosophie.

2º La philosophie est considérée comme une science spéciale dominant les sciences positives : on distingue alors la *philosophie de la science*, et la *philosophie des sciences*.

Rapports généraux de la philosophie et de la science. — *a*) La philosophie établit la légitimité de la *connaissance* (problème de la *certitude*), par l'étude psychologique et critique des *facultés de l'intelligence*, et la réfutation du scepticisme ;

b) Elle étudie spécialement la nature des principes essentiels de toute connaissance (*principes de l'entendement*) ;

c) Elle donne la théorie générale du *raisonnement* et de la *méthode* ;

d) Elle rétablit l'unité de la connaissance en faisant la *classification des sciences*.

Rapports spéciaux de la philosophie et des sciences, ou philosophie des sciences. — *a*) Détermination de la *méthode* qui convient à telle ou telle science ;

b) Etude des différents *principes* servant de fondement aux sciences particulières : philosophie des sciences de la *nature* (essence de la *matière*, principe de la *vie*, portée des *lois physiques*) ; philosophie des *mathématiques* (notion d'*espace*, valeur des *axiomes* et des *définitions*) ; philosophie du *droit*, de l'*histoire* (notions du *juste*, du *bien*), etc. ;

c) Rapports de telle ou telle science avec telle ou telle partie de la philosophie (*psychologie* et *physiologie*).

Esprit scientifique, esprit philosophique ; esprit de système. — Connaître véritablement, c'est apercevoir des rapports ; plus le savoir s'étend, plus les rapports sont nombreux : par leur réunion ils forment un tout ou *système*. L'esprit humain a naturellement une tendance à grouper les rapports, en formant des systèmes ; c'est l'*esprit systématique*, dont les deux formes sont l'esprit scientifique et l'esprit philosophique.

Qualités de l'*esprit scientifique* :

a) *Curiosité* ;
b) *Rigueur* ou besoin de preuves ;
c) Tendance à *généraliser* toujours davantage ;
d) *Doute méthodique*, comme contrepoids à l'esprit de système.

Qualités de l'*esprit philosophique* :
Les mêmes que dans l'esprit scientifique, à un degré plus élevé, et en plus :

e) La tendance à une *généralisation totale* ;
f) Le caractère spécial de la *certitude morale* ;
g) Une part faite au *sentiment*, pourvu qu'il soit d'accord avec la raison (sentiment moral, sentiment religieux).

Ordre des questions en philosophie. — L'homme peut être étudié :

1º Tel qu'il est (*psychologie*) ;

2º Tel qu'il doit être (*logique*, étude des lois de l'intelligence ; *morale*, étude de la loi de la volonté ; *esthétique*, étude des lois de la sensibilité dans ses rapports avec l'imagination).

Ensuite, l'essence, l'origine et la fin de la nature extérieure et de l'homme sont expliquées dans la *métaphysique* et la *théodicée*.

PREMIÈRE PARTIE

PSYCHOLOGIE

PREMIÈRE PARTIE

PSYCHOLOGIE

PRÉLIMINAIRES

CHAPITRE PREMIER

OBJET DE LA PSYCHOLOGIE. — CARACTÈRES PROPRES DES FAITS PSYCHOLOGIQUES

Deux conceptions, expérimentale et rationnelle, de la psychologie ; leur conciliation nécessaire.—La psychologie est la *science de l'âme* (ψυχή, λόγος) ; elle est *expérimentale* en tant qu'elle décrit les faits de conscience et détermine les lois qui les régissent ; elle est *rationnelle* (1) en tant qu'elle

(1) Elle est alors l'étude du *moi* caractérisé par des notions

étudie l'essence, l'origine, la destinée du sujet pensant.

L'*empirisme*, qui se borne aux faits (ἐμπειρία, *expérience*) prétend exclure la psychologie rationnelle ; mais les deux psychologies se complètent l'une l'autre, car la réflexion atteint, en même temps que les *phénomènes*, l'*être* même qui en est la cause.

I. Caractères propres des faits psychologiques, distingués des faits physiologiques. — Les matérialistes n'admettent pas la psychologie comme science distincte, et la rattachent à la physiologie cérébrale ; sans discuter ici cette doctrine en soi (1), marquons, au point de vue expérimental, les différences entre les faits physiologiques et psychologiques.

1° Par la façon dont ils sont *connus*. Les faits *physiologiques* sont constatés à l'aide des *sens* et des instruments, par un nombre indéfini de spectateurs, et peuvent se produire sans être connus ; — les faits *psychologiques* sont constatés directement par la *conscience*, en la personne seule où ils se manifestent, et ne peuvent se produire sans être connus.

2° Les faits *physiologiques* se produisent dans l'*espace*, se ramènent à des *mouvements*, sont *mesurables* ; — les faits *psychologiques* ne sont pas

empruntées à la *raison* (cause, substance, identité..., etc). : elle fait partie de la métaphysique.

(1) Voy. *Métaphysique : Psychologie rationnelle.*

localisables (sinon par métaphore), ne sont pas des *mouvements*, ne sont pas *mesurables* (la psychométrie, liée à la psycho-physiologie, n'atteint que les conditions physiologiques antécédentes des sensations), sinon dans leur durée, tout étrangère à la nature du phénomène lui-même.

3° Dans les conditions ordinaires, les fins des deux ordres de faits sont concordantes (*mens sana in corpore sano*); cependant même alors on ne confond pas les deux fins. Mais il y a des cas de conflit, où apparaît non seulement une différence, mais une opposition :

Summum crede nefas animam præferre pudori (Juvénal)

II. Néanmoins union nécessaire de la psychologie et de la physiologie. Rapports du physique et du moral.

— Les deux ordres de faits distincts sont cependant connexes ; on le voit en étudiant les rapports du physique et du moral.

1° *Influences du physique sur le moral.*

a) La complexité de la *vie mentale* est en fonction de la complexité de l'organisation nerveuse et de l'*organisme cérébral* ;

b) Les *localisations cérébrales* montrent de plus en plus une correspondance entre telles opérations mentales et telles parties du cerveau ;

c) Corrélations spéciales entre telle *maladie* et telle forme de *caractère* (consomption et mélancolie...) ;

d) Actions du *thé*, du *café*, de l'*alcool*..., sur la vie mentale ;

e) Influences du *climat*, du *tempérament* ;

f) Influences de l'*âge* (Aristote, Horace, Boileau), et du *sexe* ;

g) Dans le *sommeil* suspension des fonctions de *relation* et de *perception* ; dans le *rêve* les images prennent l'aspect de la réalité ;

h) Intégrité des cinq *sens*, nécessaire pour la *perception* externe.

2° Influences du *moral sur le physique* :

a) Les *excès de la vie mentale* usent la santé ;

b) La *sensibilité* et l'*imagination* poussent l'organisme à accomplir des *mouvements* extraordinaires (*Timor addidit alas*, Virgile) ;

c) La *volonté* énergique donne au corps une grande *endurance* (explorateurs, armées en déroute) ;

d) Les *habitudes de l'âme* se reflètent dans le *corps* (gestes, regard, physionomie, écriture) ;

e) Dans l'*hallucination* et la *folie*, dans la *suggestion*, l'imagination conduit les organes du mouvement et de la perception ; l'hallucination diffère du rêve (se produit pendant la veille et n'abolit pas la locomotion), et de la folie (elle est toujours représentative, la folie est parfois intellectuelle). Le *délire* est une forme d'hallucination (1).

Les rapports du physique et du moral montrent

---

(1) La question des rapports du physique et du moral, toute de *psychologie* descriptive, est l'introduction au problème *métaphysique* de l'union de l'âme et du corps (*Psychologie rationnelle*).

que l'homme est un « *tout naturel* » (Bossuet) ; dans le « *composé humain* » le corps et l'âme apparaissent non comme des êtres distincts, mais comme des éléments composants d'un être.

Rapports du physique et du moral

- **Influence du physique sur le moral.**
  - *Influence des circonstances physico-physiologiques.*
    - Corrélation de la *vie mentale* et de l'*organisme cérébral*.
    - *Maladies* et *caractère*.
    - *Narcotiques, café*, etc.
    - *L'âge* et le *sexe*.
    - Le *climat* et le *tempérament*.
    - Le *sommeil*, le *rêve*.
    - Organes des *sens*, et *perception*.
  - *Correspondance des facultés avec les organes.*
    - *Sensibilité.* Causes organiques des passions (Descartes, Malebranche).
    - *Intelligence.* Localisations cérébrales.
    - *Volonté*, altérée par les maladies.

- **Influence du moral sur le physique.**
  - Sensibilité
    - Expression donnée à la physionomie par les *sentiments*.
    - Altération de l'organisme résultant des *passions*, etc.
  - Intelligence
    - Influence de l'*Imagination*, hypocondrie, gestes oratoires ; l'Imagination donne le frisson, etc.
    - L'excès de travail *intellectuel* engendre la fatigue.
  - Volonté
    - Empire de la *volonté*, affrontant la souffrance, la mort.

CHAPITRE II

MÉTHODE DE LA PSYCHOLOGIE

Procédés de la méthode en psychologie : observation, hypothèse, expérimentation, induction, classification. — Comme dans toutes les *sciences de faits*, les procédés de la méthode en psychologie seront : l'*observation*, l'*hypothèse* pour expliquer les faits constatés, l'*expérimentation* pour vérifier l'hypothèse, l'*induction* ou raisonnement qui détermine les *lois*, la *classification* qui montre leurs relations.

I. Observation : ses deux formes, subjective (conscience), objective (1). — L'*observation subjective* est la connaissance *directe*, par la *conscience*, des phénomènes qui se passent dans le sujet pensant ; l'*observation objective* connaît les manifestations extérieures de la vie psychologique chez les *autres hommes* : c'est plus exactement une *interprétation*, car nous ne pouvons que conjecturer ce qui se passe chez autrui d'après des signes extérieurs.

(1) On appelle *sujet* l'esprit pensant ; et *objet* tout ce qui est extérieur à l'esprit, et susceptible d'être connu par lui.

A. Conscience spontanée et réfléchie. — La conscience psychologique (nous ne parlons pas ici de la conscience morale) a deux modes : *spontanée*, elle est l'accompagnement invariable de tous les faits psychologiques, sans aucun effort d'attention (conscience d'une sensation de chaud ou de froid) ; *réfléchie*, elle est l'*effort* de l'esprit qui « évoque un phénomène du sein de la nuit où il s'est évanoui,... pour le considérer plus à son aise » (Cousin). La première est commune à l'homme et à l'animal, la seconde est propre à l'homme.

Objections contre l'observation intérieure, et discussion. — On conteste d'abord la *possibilité* de l'observation subjective :

a) Dans toute observation, il faut *deux termes*, un sujet et un objet ; dans la conscience il n'y a qu'*un terme* (le sujet se connaissant lui-même), donc ici pas de connaissance possible.

Réponse. L'objection est une *pétition de principe* : dans toute observation objective il faut deux termes, mais qui prouve que l'observation subjective soit dans les mêmes conditions ? D'ailleurs, l'*observation objective suppose* toujours la *conscience*, car percevoir par les sens un objet, c'est avoir conscience de percevoir cet objet ; en outre toute observation objective est une *relation*, c'est-à-dire une identité partielle entre les qualités de l'objet et les aptitudes de connaissance du sujet ; mais une observation où il y a *identité* du sujet et de l'objet (dans la conscience) est l'observation la plus parfaite. Donc la conscience est le type le plus achevé de la connaissance (« l'âme est plus aisée à connaître que les corps », Descartes).

b) L'*observation* du phénomène psychologique (réflexion) lui est *postérieure*, donc elle ne peut l'atteindre.

Réponse. Toute observation a cet inconvénient (équation personnelle en astronomie), les sciences marchent néanmoins; pourquoi la psychologie serait-elle plus scrupuleuse? L'objection ne porte d'ailleurs que contre la *conscience réfléchie*, qui implique la *mémoire*, mais la *conscience spontanée* est forcément *contemporaine* du fait lui-même.

— On reproche ensuite à la conscience d'être un procédé d'information *insuffisant* :

a) La conscience, dit-on, est *individuelle* ; mais « il n'y a de science que du *général* », donc pas de *science*, possible ainsi, de l'âme humaine.

Réponse. Il est nécessaire, en effet, d'ajouter les informations de l'observation objective à celles de la *conscience* ; cependant elle reste toujours le *centre* essentiel d'*information* en psychologie, puisque nous n'interprétons les manifestations de la vie psychologique chez autrui, qu'en les rapportant à la conscience personnelle.

b) La conscience ne nous renseigne pas sur les *origines* de la vie mentale (enfants).

Réponse. C'est vrai, mais nous pouvons par des *analogies* reconstituer approximativement la vie psychologique de l'enfant.

c) Le *domaine* de la *conscience* est *plus étroit* que

la vie mentale : les états violents de l'âme (passions) ne sont pas conscients ; la *réflexion*, en s'appliquant aux faits psychologiques, les *dénature*.

Réponse. Nous pouvons, par le *souvenir*, nous rappeler, du moins en partie, un état passionnel ; dire que la réflexion dénature les faits psychologiques est un étrange paradoxe, car il en résulterait que plus on réfléchirait, moins on se rendrait compte de ce qui se passe en soi : il faut seulement *s'habituer* peu à peu à *réfléchir*.

Degrés de la conscience. Problème de l'inconscient. — Nous sommes ainsi amenés à poser le problème de *l'inconscient*. N'y a-t-il pas une limite inférieure, au-dessous de laquelle la *conscience disparaîtrait* totalement, le phénomène continuant de se produire ? la conscience ne serait plus « coextensive » (Hamilton) à tous les faits d'ordre mental, elle n'en serait qu'un caractère *accidentel*, supplémentaire dans certaines conditions, elle serait un « *épiphénomène* » (Théorie de Kant, Schopenhauer, Hartmann, Hamilton, Taine, Lotze...).

a) **Argument a priori, et discussion.** — Un fait psychique total conscient se compose de faits élémentaires inconscients (bruit de la mer); si une cause produit un effet, une *partie de cette cause* produira une *partie de cet effet*, or les parties étant ici non perçues, sont inconscientes.

Réponse : α) L'argument n'est *pas toujours vrai* : une partie d'une cause produit un effet, mais non nécessairement une partie de l'effet total (4 chevaux meuvent une lourde voiture ; un seul, pas du tout) ;

β) L'argument, s'il était vrai, *se retournerait contre ses auteurs*, car l'inconscient absolu ajouté à lui-même ne donnera jamais la moindre conscience ;

γ) S'il y avait des faits psychiques vraiment inconscients, *comment soupçonner leur existence ?*

b) **Argument a posteriori, et discussion.** — Les partisans de l'inconscient invoquent des *faits* nombreux : *sensations* (sonnerie d'une pendule pendant un travail absorbant), *sentiments* (amour naissant de Paul et Virginie); *perceptions* habituelles (bruit d'un torrent pour les riverains) ; *conservation* des idées pour la *mémoire* ; *associations* d'idées familières (raisonnements scientifiques) ; *imagination* (illusion de l'inspiration soudaine pour l'artiste) ; *instinct, habitude,* inconscients du but vers lequel ils tendent ; *persistance* d'une *résolution* volontaire, une fois arrêtée.

Réponse : α) Tous ces faits sont de *très faible conscience*, non de conscience nulle, puisqu'ils sont toujours marqués de *caractères empruntés à la conscience* (souvenirs inconscients, mouvements inconscients...).

β) Pour les faits devenus inconscients par *habitude*, et ils sont nombreux, nous nous apercevons de leur *cessation* (le meunier quand son moulin s'arrête), donc ils restaient *conscients à quelque degré*.

La *conscience* est donc bien, à des degrés très différents, la *forme essentielle et commune* de tous les faits psychologiques : l'inconscient n'est qu'un *infiniment petit de conscience* (Leibniz).

Rôle de l'inconscient dans notre vie. — Par là s'expliquent nos *goûts*, la tournure de notre *caractère*, la constitution de nos *souvenirs*, nos *habitudes*, nos états passagers de *tristesse* ou de *joie* inexpliqués.

B. Observation objective, complément nécessaire de l'observation subjective. — A la conscience vient s'ajouter, pour la connaissance de l'âme humaine, l'observation objective : commerce journalier avec les *autres hommes*, étude de l'*histoire* sous tous ses aspects, de la *littérature*, de l'*art*, des *langues*, du *droit*, psychologie de l'*enfant*, du *fou*, du *criminel*, du *sauvage*, des *animaux*. Mais, si variées et importantes que soient ces informations, elles ne peuvent à elles seules constituer les sources d'observation en psychologie, car elles supposent toujours la *conscience* comme point de départ et terme essentiel de *comparaison*.

II De la place à faire à l'hypothèse en psychologie. — Ici, comme dans toute science de faits, après avoir noté les phénomènes, il faut les *expliquer* : c'est à quoi tend l'hypothèse. Il ne faut pas qu'elle se donne comme une explication *a priori*; elle ne serait qu'un danger en masquant ou ajournant l'explication véritable. Toutes les *théories* en psychologie (de la mémoire, des passions, de l'habitude...), ne sont que des hypothèses suggérées par l'observation, et que l'on s'efforce de vérifier expérimentalement.

III. Expérimentation subjective et objective.

— Tandis que l'observation constate purement et simplement, l'*expérimentation suscite* les phénomènes, en en variant les conditions pour tenter de *vérifier les hypothèses* conçues.

Comme l'observation, elle peut être subjective et objective.

A. Expérimentation subjective.

— On a contesté sa possibilité, en disant que toute expérimentation suppose la connaissance de *toutes les causes* des phénomènes, et que les causes sont trop complexes ici pour être toutes connues.

Réponse : *a*) Il n'est *pas plus aisé*, souvent, de connaître toutes les *causes des phénomènes physiques* ; pourtant nous expérimentons sur les causes que nous connaissons ;

b) La *précision* de l'expérimentation psychologique n'est pas la même que pour l'expérimentation physique, à cause de la *personnalité de chacun* ; néanmoins, la production volontaire d'un raisonnement, par exemple, est bien une expérimentation subjective.

B. Expérimentation objective.

— Les adversaires de l'expérimentation subjective réservent l'expérimentation pour les phénomènes étudiés en *psychophysiologie* (sensations), dont les causes sont nettement déterminables (Fechner, Weber, Wundt).

Réponse : L'expérimentation ne porte que sur la

partie physiologique, non proprement psychologique, du phénomène ; et la psychométrie, si elle prétend à une précision rigoureuse, s'expose à bien des mécomptes.

— Reste l'expérimentation objective proprement dite (*enseignement, éducation, législation...*), qui peut rendre en effet de grands services pour la connaissance de l'âme humaine.

IV. Du raisonnement en psychologie : induction (lois), et déduction. — *a*) Si les expériences concordent avec les hypothèses, il reste à énoncer sous une forme *générale* les résultats obtenus ; c'est l'œuvre de l'*induction* qui détermine les *lois* (lois de la mémoire, des passions, de l'association, de l'habitude...).

Mais comment peut-il y avoir des *lois générales* en psychologie ? Tout homme a sa *personnalité* mentale propre.

Réponse : En psychologie, comme dans toute science morale, les lois ne sont pas uniformes et rigides comme en physique ; mais il n'y a entre les individus que des *différences de degrés*, non de nature : chez tous on retrouve les mêmes lois.

b) Une fois telle loi établie, la *déduction peut* l'appliquer à tel ou tel fait nouveau ; les déductions psychologiques sont nécessaires, en éducation, en législation, etc.

Impossibilité de la pure déduction, comme méthode de la psychologie. — Pour certains philosophes (Spinosa), la méthode de la psychologie serait purement *déductive* : il est impossible qu'il en soit ainsi, puisque la déduction abstraite ne découvre jamais le moindre *fait*, et que toute hypothèse prise comme point de départ d'une déduction est tout d'abord un *fait* que l'analyse psychologique, c'est-à-dire l'observation subjective, doit décrire et caractériser.

Méthode de la psychologie.

I. *Observation*
- *a) Subjective* (conscience)
  - Spontanée (phénomènes);
  - Réfléchie (moi-cause, substance...);
  - Discussion des objections contre l'observation interne.
- *b) Objective*
  - Vie sociale ;
  - Étude des langues,
  - — de l'histoire,
  - — des lettres, des sciences, des arts ;
  - Psychologie comparée.

II. *Hypothèse.* — Théories (de la mémoire, du jugement, des passions...).

III. *Expérimentation.*
- Subjective : discussion des objections.
- Objective
  - Psycho-physiologie ;
  - Éducation, législation, gouvernement.

IV. *Raisonnement proprement dit.*
- *Induction* : lois. Discussion des objections.
- *Déduction* : impossible comme seule méthode en psychologie.

V. *Classification.*

CHAPITRE III

CLASSIFICATION DES FAITS PSYCHOLOGIQUES
PROBLÈME DES FACULTÉS

V. Rapport entre les lois et la classification en psychologie. — Avant de déterminer les lois, il faut caractériser nettement les faits et les classer : la *classification* et la constitution des lois sont ici, comme dans toutes les sciences de faits, deux formes solidaires de l'*ordre*.

Diverses classifications proposées. — Sans parler de l'idéalisme absolu (Hégel) qui explique tout par l'*intelligence*, ni de l'empirisme pur (Condillac, Mill, Bain) qui ramène tout à la *sensation*, il y a trois types principaux de classifications.

1º Aristote, saint Thomas, Scolastiques, Bossuet. — *Opérations sensitives* (sensations, images, instincts...), communes à l'homme et à l'animal, et résultant de l'union de l'âme et du corps ; *opérations intellectuelles*, manifestations de l'activité pensante (entendement, volonté libre), propre à l'homme. Classification exacte dans ses grandes lignes, mais qui ne distingue pas assez l'entendement et la volonté libre.

2º Descartes, Leibniz, ramènent la *sensibilité*

à l'*intelligence*, les donnent toutes deux comme passives et représentatives (1), et les opposent à la *volonté* active et libre.

3° Une troisième classification, plus large et plus analytique, reconnaît trois groupes de faits psychologiques (Locke, Kant, Hamilton) :
a) *Sensibles* ou *affectifs* ;
b) *Intellectuels* ou *représentatifs* ;
c) *Actifs* ou *conatifs* ;
ils se produisent ensemble, mais l'analyse peut les distinguer.

Il n'y a donc pas moins de trois groupes essentiels de faits psychologiques. Les Écossais (Reid, D. Stewart), Jouffroy et Garnier, ont tenté en vain d'en allonger l'énumération : les *inclinations* rentrent dans la sensibilité, le *langage* (parole) dans l'intelligence, la *faculté motrice* (Aristote, Scolastiques) n'est qu'une dénomination verbale d'un cas de l'influence de l'âme sur le corps (2).

On peut d'ailleurs concilier cette classification avec celle d'Aristote : dans chacune des trois grandes catégories de faits émotifs, représentatifs, actifs, on peut distinguer des *éléments inférieurs* (qu'Aristote appelle *sensitifs*), et des *éléments supérieurs* (qu'il appelle *intellectuels*).

Le problème des facultés. Dans quel sens il faut les admettre. — Avant toute analyse, les faits

---

(1) Voy. plus loin, dans la théorie générale de la sensibilité, la discussion de cette théorie.
(2) Voy. *Métaphysique* : *Psychologie rationnelle*.

psychologiques que constate en moi ma conscience m'apparaissent comme miens ; l'idée du *moi-cause* (dont l'étude spéciale est l'objet propre de la psychologie rationnelle), est donc impliquée dans toute donnée de conscience. Autant il y a de *groupes de phénomènes* psychologiques irréductibles, autant il y a de *formes d'activité* différente produisant ces phénomènes, c'est ce qu'on appelle des *facultés* : elles se distinguent des *propriétés* (corps inanimés) et des *fonctions* (êtres vivants) en ce que leur exercice est accompagné de *conscience*, et peut être modifié par l'intervention de la *volonté*.

Objection contre les facultés, et discussion. — L'empirisme (Condillac, Mill, Bain...) déclare que les *faits* et les lois sont seuls légitimes *scientifiquement*, et que les prétendues *facultés* ne sont en psychologie que des *fictions*.

Réponse. C'est là une fausse notion des facultés ; elles sont en réalité de pures *abstractions*, les manifestations diverses d'une *activité une*, le *moi* : « C'est la même âme qui sent, qui pense, et qui veut » (Bossuet). Ainsi entendues, on peut, et même on doit, admettre l'existence des facultés : puisque dans la donnée complexe de conscience sont impliqués le fait et sa cause, nous ne devons pas étudier seulement le *fait* (psychologie expérimentale) pour négliger la *cause* (psychologie rationnelle) ; nous supposerons seulement connue ici la nature du moi, être et activité.

PSYCHOLOGIE

LIVRE I

LA VIE AFFECTIVE, OU SENSIBILITÉ

LIVRE I

LA VIE AFFECTIVE, OU SENSIBILITÉ

Définition de la sensibilité. Ordre des questions. — La sensibilité est la *faculté d'éprouver du plaisir ou de la douleur* : ce ne sont pas les seuls phénomènes sensibles, mais les plus généraux, les plus importants, ceux auxquels se rapportent tous les autres. Nous étudierons donc d'abord les plaisirs et les douleurs (sensations et sentiments), états *statiques* de la sensibilité, puis les états *dynamiques* et actifs : inclinations et passions.

CHAPITRE PREMIER

LE PLAISIR ET LA DOULEUR
LES ÉMOTIONS

Nature et causes du plaisir et de la douleur. — Il est *impossible* de définir en soi le plaisir et la douleur, sans une *tautologie* (le plaisir est l'agréable...); et *inutile*, car il n'y a pas de phénomènes psychologiques plus clairs à la conscience : mais on peut en donner une définition causale.

1º **Origine du plaisir et de la douleur dans l'intelligence ? Discussion.** — Descartes, Leibniz, font rentrer la sensibilité dans l'intelligence, et les tirent de l'idée de ce qui nous est bon ou mauvais :

a) Le plaisir et la douleur, faits de *conscience*, sont donc des faits de *connaissance* ;

b) L'*idée* de ce qui nous est *bon ou mauvais*, *confuse* dans la sensation, est *distincte* dans le sentiment ;

c) Au *développement de l'intelligence* correspond un *accroissement des plaisirs et des peines*.

RÉPONSE : *a)* Avoir conscience des émotions *n'est pas* les *connaître*, puisque, en ayant conscience, nous nous demandons en outre ce qu'ils sont ;

b) L'*idée* de ce qui nous est bon ou mauvais vient *après*, *non avant*, la *sensation* ; il y a bien une idée avant le *sentiment*, mais sans la sensibilité, cette idée claire ne donnerait lieu à aucune émotion.

c) Le développement intellectuel est *l'occasion*, non la *cause*, du sentiment.

2º **Origine du plaisir et de la douleur dans l'activité.** — A. *Aristote* : toute *activité* ou tendance, lorsqu'elle est *satisfaite*, engendre le *plaisir* ; *contrariée* (par excès ou par défaut) elle produit la *douleur* (théorie reprise par Hamilton, qui distingue la quantité ou *l'intensité*, la qualité ou l'*orientation*, de l'activité ou inclination spontanée).

B. *Epicure* : Toute activité est *effort*, tout effort est *douleur*, donc le plaisir n'est que la cessation de la douleur.

Réponse : L'*effort* n'engendre la *douleur* que quand il est *disproportionné* à l'activité disponible.

En résumé, le *plaisir* a pour cause une *activité qui s'exerce avec mesure et dans le sens de ses tendances*; la *douleur* résulte *d'une activité qui s'exerce trop ou trop peu*, ou *en dehors de l'orientation* normale de ses tendances.

Lois du plaisir et de la douleur. — a) Loi de *variabilité* (« chacun prend son plaisir où il le trouve ») ;

b) Loi de *réaction* : suivant les cas et les degrés, le plaisir et la douleur stimulent ou exercent l'activité, qui en est la source ;

c) Loi de *contraste* : ils se font valoir par le contraste ;

d) Loi de *diminution* progressive par l'*habitude* ;

e) Loi de *permutation* idéale : le souvenir d'un plaisir est parfois triste, et aussi l'inverse ;

f) Loi de *pénétration mutuelle* : la jouissance d'un plaisir est parfois mêlée de mélancolie (Lucrèce), et il y a une « volupté de la douleur » (Spencer, et les poètes romantiques).

Modes positif et négatif du plaisir et de la peine. — a) Plaisirs *positifs*, résultant d'un déploiement normal d'activité (saveur agréable, plaisir de la recherche scientifique) ; douleurs *positives*, résultant d'un excès ou d'une déviation de l'activité (fatigue corporelle, surmenage intellectuel) ;

b) Plaisirs *négatifs* (repos physique et moral) ; douleurs *négatives* (privation d'un plaisir, deuil.).

Sensations et sentiments. — On distingue encore les plaisirs et les douleurs par leurs causes : *sensations* (émotions agréables ou pénibles, éprouvées par l'âme à la suite d'une modification organique ou impression) ; *sentiments* (émotions agréables ou pénibles éprouvées par l'âme à propos d'une idée ou modification mentale). Ex. : coupure, chaud ou froid, crampe (sensations) ; colère, orgueil (sentiments).

A. Théorie générale de la sensation. — *a*) **Préliminaire : description sommaire du système nerveux cérébro-spinal.** — Toute sensation résultant d'une modification organique ou *impression* nerveuse, il faut d'abord décrire brièvement le système nerveux de la vie de relation. Il se compose de deux parties essentielles : un organe central ou *encéphale*, une partie périphérique, les *nerfs*.

α) L'encéphale comprend : — le *cerveau*, masse ovoïde de substance molle, blanche à l'intérieur, grise (écorce) à l'extérieur, partagé en deux hémisphères symétriques, et formé d'environ 600 millions de neurones ; c'est l'organe de l'*intelligence* ; — le *cervelet*, portion beaucoup plus restreinte de l'encéphale, au-dessous du cerveau, c'est l'organe de la *motricité* ; — la *moelle allongée*, reliant le cerveau à la moelle épinière, c'est l'organe des *sensations* spécialement.

β) Les nerfs se distinguent en : *crâniens* (12 paires) qui sortent de l'encéphale, et *rachidiens* (31 paires), qui sortent de la moelle épinière. — La *moelle épinière* est un cordon nerveux, enfermé dans un étui osseux formé par la succession des vertèbres (colonne vertébrale) : il s'en détache des nerfs *sensitifs* ou afférents (qui amènent l'excitation de la périphérie), et des nerfs *moteurs* ou efférents (qui portent à la périphérie l'excitation venant du centre vertébral).

b) **Sensations affectives et représentatives.** — Il ne faut pas confondre la *sensation* proprement dite, *phénomène affectif* ou émotion, avec la *sensation représentative*, qui est le premier germe et la matière de la perception, ou connaissance des objets extérieurs. Ex. : une couleur douce à la vue peut être une sensation affective (plaisir), ou une sensation représentative, en ce qu'elle permet de distinguer un objet d'un autre. L'élément affectif et l'élément représentatif d'une sensation sont en raison inverse (loi d'Hamilton). Nous n'avons à nous occuper, quant à présent, que des sensations affectives.

c) **Sensations internes et externes.** — On distingue aussi les sensations *externes*, causées par l'action d'objets externes sur nos sens, et *internes*, qui se produisent dans les profondeurs de l'organisme, et nous avertissent de l'état normal ou anormal des fonctions du corps.

B. Sentiments ; leurs classifications. — Les sentiments sont appelés *passions*, au sens étymologique du mot (ce que l'âme éprouve en elle-même, *quod animus patitur*), dans Aristote, les stoïciens (τὰ πάθη), les scolastiques, Descartes et les cartésiens.

a) Aristote, saint Thomas, Bossuet, distinguent l'appétit *concupiscible* et l'appétit *irascible* (idée de lutte contre un obstacle) ; le premier donne lieu à l'*amour* et à la *haine*, au *désir* et à l'*aversion*, à la *joie* et à la *tristesse* ; le second engendre l'*audace* et la *crainte*, l'*espérance* et le *désespoir*, la *colère* : tous ces sentiments viennent de l'amour ou du désir (Bossuet, *Conn. de Dieu*,... I, VI).

b) Cicéron : *joie* et *tristesse*, *désir* et *crainte*.

c) Descartes : *étonnement* (source de tous les autres), *joie* et *tristesse*, *amour* et *haine*, *désir*.

d) Spinosa : *désir* (source de tous les autres), *joie* et *tristesse* (d'où dérivent l'amour et la haine).

e) Kant distingue les sentiments *excitants* et *déprimants*.

Différences et relations des sensations et des sentiments. — 1° Différences : *a*) *antécédent organique* des sensations ; *antécédent mental* des sentiments ;

b) Sensations *localisées* (illusion, mais illusion nécessaire) dans une partie du corps, sentiments *non localisés* ;

c) La *fin* des sensations est le développement de la vie *organique*, celle des sentiments, le développement de la vie *intellectuelle et morale* ;

d) Souvenir intégral des sentiments, *image affaiblie* seulement des sensations ;

e) Sensations et sentiments égoïstes émoussés par *l'habitude*, sentiments supérieurs développés par elle ;

f) Une *sensation* peut être *affective* et *représentative*, le *sentiment* n'est en rien *représentatif*.

2° Pourtant *réciprocité* étroite des sensations et des sentiments : la maladie a comme conséquence la tristesse ; le chagrin ruine la santé « la lame use le fourreau ».

CHAPITRE II

ÉTATS DYNAMIQUES DE LA SENSIBILITÉ.
INCLINATIONS ET PASSIONS

I. Nature de l'inclination, distinguée du désir. — Nous avons dit que le plaisir et la douleur ont leur origine dans l'activité foncière de l'être, qui est tendance ou inclination : ces *inclinations* primitives sont comme les *instincts de la sensibilité*, elles sont donc *innées* ou *spontanées*, *aveugles* (ignorantes de leur but), *fatales*, *indestructibles*, *impersonnelles* (quoique leurs formes puissent être très variées dans les individus) — Elles se distinguent par là des désirs qui sont acquis, ultérieurs et orientés vers un but préconçu (*ignoti nulla cupido*).

Classification des inclinations. — D'après leur objet, les inclinations sont *personnelles, sociales, idéales*.

A. Les inclinations *personnelles* se distinguent en :

a) Physiques ou appétits, accompagnées de sensations (faim, sommeil), le plus souvent périodiques, et dont la satisfaction doit être limitée et réglée par la raison : *instinct de conservation*, « tout être tend à persévérer dans son être » (Spinosa, *Eth.*, III, vi).

b) *Morales* ou penchants ;

α) Besoin d'*émotions* (souvenirs, espérances, roman, théâtre, poésie...) ;

β) Besoin de connaître, *curiosité* (indépendamment de la nature des objets) ;

γ) Besoin d'*activité* : esprit d'*indépendance*, amour du *commandement*, recherche de la *gloire*, instinct de *propriété*.

B. Inclinations *sociales*. La forme la plus générale, la plus instinctive, est la *sociabilité*, au sens le plus large du mot : on y distingue des formes *inconscientes* et inintentionnelles, et des formes *conscientes* et intentionnelles.

1° *a*) La *sociabilité* proprement dite : la solitude nous pèse ; terrible châtiment de la réclusion ; l'araignée de Pellisson...

b) La *sympathie* (m. à m. : harmonie des sentiments) :

Ut ridentibus arrident, ita flentibus adflent
Humani vultus... (Horace, ad Pis.).

On y distingue : α) la *bienveillance* (vouloir du bien à autrui) ;

β) La *bienfaisance* (faire du bien à autrui) ;

γ) La *pitié* ;

δ) La sympathie avec des *êtres fictifs* (roman, théâtre, beaux-arts) ;

ε) Sympathie avec la *nature* (poésie romantique).

Objections : α) Il y a des inclinations *malveillantes* (envie, jalousie, médisance...).

Réponse : C'est là une déformation de la sensibilité, une *rupture d'équilibre* entre les inclinations, au profit exclusif de l'égoïsme.

β) Comment expliquer la *misanthropie* ?

Réponse : Elle vient d'un « amour trahi », et n'est qu'une ardente sympathie pour une humanité rêvée meilleure.

c) L'*imitation* a des formes multiples, et est presque toujours inconsciente :

α) Influence du *milieu* sur le caractère de l'individu ;

β). γ) Influences analogues de l'*exemple* et de l'*éducation* ;

δ) Par elle, l'enfant apprend à *parler* ;

ε) Le *savoir-vivre* ;

ζ) Les *coutumes*, les *mœurs* en général ;

η) Solidarité inconsciente des générations et des individus avec les *générations antérieures*, avec la race (*hérédité, traditions*) ;

θ) Contagion morale des *actes*, psychologie des foules ;

ι) Intérêt de l'*art* qui reproduit la vie humaine.

2° Les formes *conscientes* de la sociabilité sont :

a) Les inclinations *électives* : — α) *Amitié* (impliquant comme condition la vertu, Aristote) ;

β) *Amour* (amour idéal ou platonique, ou amour de l'âme, distingué de l'amour physique ou grossier) ;

b) Inclinations *domestiques* : conjugales, paternelles et maternelles, filiales, fraternelles ;

c) Inclinations *corporatives* : — esprit de corps

(anciennes *corporations*, *syndicats* modernes, associations de toutes sortes) ;

d) *Patriotisme, civisme* ; excès dans le *chauvinisme* (pas de conflit, comme le prétendait Platon, entre les inclinations domestiques et le patriotisme) ;

e) *Philanthropie*, reposant sur la communauté de nature et d'origine des êtres humains (stoïcisme, christianisme); se traduit par la bienfaisance, la charité active, le dévouement :

Homo sum, humani nihil a me alienum puto
(Térence).

— Conclusion : Fausseté psychologique et danger moral de l'individualisme pur, qui prétend constituer la personne humaine en chacun, indépendamment de toutes les autres personnes (1).

C. Inclinations *idéales*. — Ce sont les plus désintéressées de toutes nos tendances, et les plus en rapport avec notre nature d'êtres raisonnables :

a) Amour du *vrai* (science) ;
b) Amour du *bien* (vertu) ;
c) Amour du *beau* (nature et art) ;
d) Amour de *Dieu*, qui les résume et en est la source.

— La science, la morale, l'art, couronnés par la religion, voilà le but le plus noble vers lequel tend notre nature.

Rôle des inclinations dans la vie humaine. — Quoique l'homme doive *réaliser sa fin* par la *rai-*

(1) Voy. Marion : *De la solidarité morale*.

son et la *volonté* libre, il a cependant besoin d'y être *poussé par les inclinations*. C'est à la volonté intelligente à régler la satisfaction de ces tendances, et à mettre entre elles la proportion et l'harmonie.

Irréductibilité des inclinations. — Il est impossible de réduire les inclinations à un seul type.

1º Théorie de *La Rochefoucauld* : l'homme n'a pas d'inclinations désintéressées ; toutes nos inclinations ne sont que des formes indéfiniment et adroitement variées de l'*égoïsme*.

Réponse : *a*) La Rochefoucauld confond deux choses, la *conduite* de l'homme et sa *nature* ; même si l'homme agit par intérêt, il peut (et doit) agir autrement ;

b) Les *Maximes* même semblent sous-entendre ce principe, car elles sont un *réquisitoire* contre la nature humaine ;

c) Les *analyses* de La Rochefoucauld sont faites de *parti-pris* ; même si le désintéressement est rare, il existe parfois (amitié, reconnaissance, pitié, dévouement) ;

d) Si l'égoïsme est seul dans l'homme, pourquoi et comment *contrefait*-il le *désintéressement ?* une copie suppose un modèle ;

e) La Rochefoucauld laisse subsister contre lui la grave objection de l'*amour maternel* ; pourquoi n'en parle-t-il pas ?

2º Le *mysticisme* religieux exagéré ramène toutes nos inclinations à l'amour de Dieu, en nous *absorbant*, nous et tous les êtres, en un Être infini, éternel.

Réponse : Il y a de vrai dans le mysticisme que nous devons aimer les êtres à proportion de leur perfection ; mais nous devons les aimer *pour* Dieu, non *en* Dieu, ce qui serait le panthéisme (1).

II. Les passions ; leur nature et leurs causes.

— La passion est une *tendance habituelle et exclusive de l'âme à rechercher certaines satisfactions, à l'exclusion des autres tendances*. Elles se distinguent des inclinations primitives, en ce qu'elles sont *acquises*, supposent la *notion de leur objet*, sont *responsables, individuelles*.

Leurs causes sont multiples : — *a*) A l'origine de toute passion, il y a une *inclination* qui prendra ensuite un développement exceptionnel ;

b) L'exercice de l'inclination a pour résultat le *plaisir* ou la *douleur* ;

c) La *mémoire* conserve le souvenir de l'émotion ;

d) Le souvenir combiné avec l'inclination produit le *désir* ou l'*aversion* ;

e) L'*habitude* s'empare du désir, et ici commence la passion proprement dite ;

f) L'*imagination* agrandit la conception de la valeur bonne ou mauvaise de l'objet ;

g) La *volonté* collabore à la passion (renoncement à l'effort pour empêcher la passion mauvaise ; effort pour réaliser la passion bonne) ;

(1) Voy. la discussion en métaphysique, dans la *Théodicée*.

h) Le *milieu* y contribue, en lui offrant les occasions de naître et de se développer.

Lois des passions. — *a*) *Contraste* : l'attrait de la nouveauté est une des occasions de la naissance de la passion ;

b) Renforcement progressif par l'*habitude* ;

c) *Idéalité* : la passion est toujours victime d'un mirage de l'imagination ;

d) *Expression* : toute passion se traduit au dehors par des signes dénonciateurs, sauf un empire exceptionnel sur soi ;

e) *Rythme* : alternance entre des accès ou crises, et des périodes de calme ;

f) *Contagion* par l'exemple.

Usage des passions. — Deux doctrines extrêmes : — *stoïcisme* (les passions toujours mauvaises, doivent être supprimées, car elles sont contraires à la nature et à la raison ; Cicéron, *Tuscul*, IV, 6) ; — *hédonisme* (la passion, satisfaction la plus intense, est le but de l'âme humaine, et il faut chercher à satisfaire le plus grand nombre possible de désirs : Cyrénaïques, Fourier, Saint-Simon) ; — doctrine moyenne d'*Aristote* : les passions dérivent d'une *activité* bonne en soi, mais qu'il faut *diriger* et *discipliner*.

Rôle de la sensibilité. — Le plaisir et la douleur sont :

a) Des *avertissements*, par lesquels nous sommes informés des conditions, normales ou anormales, dans lesquelles se développe notre activité physique ou mentale ;

b) Des stimulants de cette activité elle-même, quoique d'une manière différente ; le plaisir encourage l'action, la douleur l'aiguillonne ;

c) En outre, la sensibilité offre à l'*intelligence* sa matière, et elle est, par le désir, l'occasion pour la *volonté* d'entrer en acte (1).

(1) Nous traiterons du rôle *moral* du plaisir et de la douleur en examinant les systèmes de morale, et en métaphysique, en discutant le pessimisme et l'optimisme.

Tableau général de la sensibilité

Définition : *Faculté d'éprouver du plaisir et de la douleur.*

1° INCLINATIONS
Instinctives, aveugles.

- Personnelles
  - Corporelles
    - Penchants.
    - Appétits { périodiques. / accompagnés d'une sensation affective.
  - Spirituelles
    - Curiosité (l'intelligence).
    - Besoin d'émotions (sensibilité).
    - Besoin d'activité (volonté).
- Sociales..................
  - Philanthropie.
  - Patriotisme.
  - Amour de la famille.
  - Esprit de corps.
  - Amitié.
  - Amour.
- Idéales..................
  - Amour du vrai.
  - — du beau.
  - — du bien.
  - Sentiment religieux.

2° ÉMOTIONS
(Plaisir et douleur).

Plaisirs et douleurs en général : inclinations satisfaites ou contrariées.

a) *Sensations* { Affectives { Internes / Externes } émoussées par l'habitude.
Représentatives, conditions des perceptions.

b) *Sentiments* { Sentiments égoïstes émoussés par l'habitude.
— désintéressés fortifiés par l'habitude.

Tableau général de la sensibilité (*Suite*).

3° PASSIONS
Tendances exclusives et habituelles.

- Classification des sentiments
  - a) Cicéron : Joie, tristesse, désir, crainte.
  - b) Descartes : *Admiration*, joie, tristesse, amour, haine, désir.
  - c) Spinoza : *désir*, joie, tristesse.
  - d) Aristote, Bossuet. { *Concupiscibles* : amour, haine; désir, aversion ; joie, tristesse. / *Irascibles* : audace, crainte ; espérance, désespoir ; colère.
  - e) Kant : sentiments excitants ou déprimants.
- Valeur morale
  - a) Stoïcisme : Toutes les passions mauvaises.
  - b) Hédonisme : Toutes les passions bonnes.
  - c) Aristote : La passion est une force qu'il faut savoir discipliner.
- Classification
  - a) Classification morale : égoïstes ou *basses*, désintéressées ou *nobles*.
  - b) Même classification que pour les inclinations.

PSYCHOLOGIE

LIVRE II

LA VIE INTELLECTUELLE

LIVRE II

LA VIE INTELLECTUELLE

Définition de l'intelligence, et divisions. — L'intelligence est la *faculté de comprendre* : elle se distingue de la sensibilité *subjective* et *affective*, en ce qu'elle est *objective* ou *représentative*.

On distingue dans la connaissance deux sortes d'éléments inséparablement unis, la *matière* et la *forme* (Aristote) : la *matière* est les matériaux passifs, ou représentations sensitives spontanées, auxquelles la pensée donne une *forme* ou détermination intelligible, en y appliquant ses diverses activités ou *opérations*.

Ces activités intellectuelles peuvent se répartir en cinq groupes :

a) Facultés d'*acquisition* : *perception* externe, *conscience*, *raison*, par lesquelles nous atteignons les trois ordres de réalités, le monde, moi, Dieu ;

b) Facultés de *conservation* : *représentation* (imagination passive), *mémoire*, *association*, qui reproduisent, soit spontanément, soit volontairement, les acquisitions antérieures ;

c) Faculté de *combinaison*, *imagination* créatrice (science, art) ;

d) Facultés *d'élaboration* : *attention, abstraction, comparaison, généralisation, jugement, raisonnement, principes* directeurs de la connaissance, constituant la conception des rapports ;

e) Faculté *d'expression, le langage.*

SECTION I

Facultés d'acquisition

CHAPITRE PREMIER

FORMATION DE L'IDÉE DE CORPS, ET PERCEPTION DU MONDE EXTÉRIEUR

Définition provisoire de la perception extérieure. — Jusqu'à ce que nous ayons discuté les diverses théories, nous ne pouvons donner de la perception extérieure qu'une définition provisoire : *connaissance des objets extérieurs par le moyen des sens.*

Des cinq sens. Inutilité des sens commun, vital, musculaire. — Les sens de perception sont dans l'ordre croissant d'importance : *odorat, goût, ouïe, vue, toucher.* — Il est inutile d'admettre un *sens commun*, centralisant les données des autres sens (Aristote, Scolastiques, Descartes, Bossuet) : c'est l'œuvre de l'association.

Le soi-disant *sens vital* n'est que la *cœnesthèse*, ou sensation générale résultant des diverses sensations organiques, qui nous font éprouver le bien-être ou le malaise.

Le *sens musculaire* n'est qu'un toucher interne et réciproque des fibres musculaires dans les mouvements du corps.

Différence de la sensation et de la perception. — La *perception* a ses conditions dans deux phénomènes antécédents, l'*impression* et la *sensation*, dont il faut la distinguer.

a) L'*impression* est un phénomène organique, l'ébranlement nerveux qui va de la périphérie au cerveau ;

b) La *sensation* est la représentation (son, couleur), qui naît dans l'âme à la suite de l'impression organique ;

c) A la suite de la *sensation* toute *subjective*, apparaît la *perception objective* ;

α) La sensation est *antérieure* à la perception ;

β) La *sensation* peut exister *sans la perception*, non l'inverse ;

γ) La *perception* est, en effet, l'*interprétation* de la sensation ;

δ) La *perception*, acte intellectuel, est *propre à l'homme*, et condition de la *science* ; la sensation est commune à l'homme et à l'animal ;

ε) La *sensation*, en effet, phénomène sensible, est *aveugle* ; la *perception connaît* ;

ζ) La *sensation* est *passive*, la *perception* est *active* ;

η) La *sensation* est *subjective*, la *perception* est *objective* ;

θ) Le *raisonnement* peut redresser une perception (erreur des sens), non une sensation.

Les sens et leurs organes. — Il ne faut pas confondre les *sens*, ou diverses formes de l'activité de l'âme dans la connaissance des objets extérieurs, et leurs *organes* ou instruments (ὄργανον) : le sens de la vue a pour organe le globe de l'œil et le nerf optique, le sens de l'ouïe a pour organe l'oreille et le nerf acoustique...

I. Examen des diverses théories. — 1° Théories *matérialistes* (Epicure, Gassendi, Büchner) : les perceptions sont les impressions produites dans l'organisme par le choc ou le contact de certains objets.

Réponse : Il faut distinguer l'*impression* purement *organique*, et la *perception* fait *mental* et conscient.

2° Théories *idéalistes* (Berkeley, Fichte) : pas de connaissance d'objets matériels, mais seulement des *images* ou *idées* conçues par l'esprit, *subjectivement*.

Réponse : Il faut bien qu'il y ait une *cause* (objet) à nos sensations et à nos idées.

3° Théories réalistes, distinguées en *intuitionniste* et *interprétationniste*.

Théorie *intuitionniste* (Ecole écossaise, Reid, Hamilton) : la perception est une intuition des objets eux-mêmes.

Réponse : — *a*) Il y a entre l'âme et les objets

perçus des *intermédiaires*, organiques (nos sens) et physiques ;

b) La perception des objets *varie* aux divers *âges* de la vie (l'enfant voit les mêmes objets comparativement plus grands, donc il y a comparaison et interprétation) ;

c) Les *erreurs* de perception ne peuvent résider dans une intuition, acte simple, non susceptible d'erreur (1).

4° Théorie de *Maine de Biran* : connaissance *intuitive* de *notre propre corps*, et indirecte des autres corps, par l'*intermédiaire* de nos *sensations* (Biran, Saisset, Lemoine, Bouillier). — On a contesté la connaissance directe de notre corps, connaissable seulement, dit-on, comme les autres corps, par le moyen des sensations (vue, toucher).

Connaissance immédiate et médiate, tout à la fois, de notre propre corps. — *a*) Garnier : Mon corps m'est connu par un « double toucher » (les deux mains l'une contre l'autre) ; de même Taine « construit » l'idée du corps propre en combinant les sensations tactiles et les sensations visuelles.

Réponse : α) Cette théorie est une *pétition de principe*, car si mon corps est connu d'abord comme *extérieur* (à l'aide des sens), comment le faire rentrer après coup dans l'idée de ma *personne* ?

β) Il y a même *cercle vicieux*, car pour que je

---

(1) Pour la théorie interprétationniste, voy. p. suivante, II, *Vraie définition de la perception.*

puisse éprouver une *sensation*, ne faut-il pas déjà que je sache, fût-ce vaguement, que j'ai un *corps*?

b) Donc, une certaine *notion* de notre corps est *antérieure* à toute sensation, sinon la perception de nos organes devrait se faire par d'autres organes, ceux-ci seraient perçus par d'autres, et ainsi à l'infini : l'idée préalable, très vague, certes, de notre corps est le centre d'organisation nécessaire des sensations. Le « toucher explorateur » (Taine) précise, mais ne fonde pas, la localisation ; ses données s'unissent pour cela à celles des sensations musculaires (Biran).

II. Vraie définition de la perception extérieure : interprétation des sensations par l'entendement (principes de cause et d'espace). — Les *sensations* formées à l'aide de nos organes sont la matière de la perception externe ; d'abord *subjectives*, elles sont ensuite *objectivées*, c'est-à-dire deviennent signes de l'existence d'*objets* (*substances* et *causes*) localisés dans l'*espace* (Descartes, Cousin). Si nous les prenons pour les objets eux-mêmes, cette illusion est une « hallucination vraie » (Taine).

Localisation et signes locaux. — La *localisation interne* (par les sensations musculaires) précède et conditionne la *localisation externe* (situation des objets), qui est ultérieure, et suppose la notion d'espace. Le *signe local* est le caractère propre par lequel une sensation devient signe de la *situation* d'un objet, en fonction des *mouvements* *musculaires dans l'espace* : donc la localisation se fait au premier degré par le toucher et les sensations musculaires, au second degré par les autres sens.

Signes locaux de la *vue* : grandeur apparente des images comparées, netteté des images, combinées avec les mouvements musculaires du globe de l'œil et des paupières.

Signes locaux de l'*ouïe* : intensité et netteté du son, données plus ou moins par l'une ou l'autre oreille.

Perceptions primitives et acquises. Sensibles propres et communs. — Chaque sens nous fournit des informations propres : l'ouïe donne le son, etc., ce sont les perceptions *primitives* ou *naturelles*.

Puis, grâce à la *mémoire*, à l'*association*, à l'*habitude*, l'esprit à propos d'une donnée sensible pense à d'autres qui y sont ordinairement liées : par exemple, la vue d'un fruit nous fait penser à son odeur, à sa saveur ; ce sont les perceptions *acquises* (Expérience de Cheselden ; problème de Molyneux). Elles sont donc plutôt des *conceptions*, résultant de l'*éducation des sens*.

Aux perceptions primitives dans l'esprit correspondent les *sensibles propres* des corps ; aux perceptions acquises les *sensibles communs* (Aristote, Scolastiques).

III. **Erreurs de la perception.** — Nos sens, pris dans leur exercice propre, ne se trompent pas :

il n'y a donc pas d'*erreurs des sens*, mais des *erreurs de perception* ; elles résultent de l'habitude que nous avons d'associer certaines données sensibles, en concluant par analogie à d'autres cas où certaines seulement de ces données sont présentes. Ex. : rame plongée dans l'eau qui semble brisée. C'est une *erreur d'interprétation* et de raisonnement.

CHAPITRE II

LA CONSCIENCE DU MOI

Conscience réfléchie de soi. Ses caractères.
— En traitant de la méthode en psychologie, nous avons parlé de la conscience spontanée et de la conscience réfléchie, par rapport aux phénomènes de la vie psychologique ; mais la réflexion connaît aussi le *moi* lui-même (1).

Les caractères de cette conscience réfléchie sont :

a) D'être *immédiate*, car il n'y a pas d'intermédiaire entre le moi sujet et le moi objet, donc elle est *absolument certaine* ;

b) Personnelle ou incommunicable, il est impossible à chacun d'avoir conscience d'un autre ;

c) Analytique, en faisant la différence du *je* et du *me*, qui est seule une vraie connaissance du moi.

Limites de la conscience. — La conscience étant absolument personnelle (elle connaît les phénomènes psychologiques et le moi qui en est le sujet) s'arrête forcément là où finit la personne. Nous ne pouvons donc avoir conscience :

(1) Cf. Objet de la psychologie, au début.

a) De notre *corps*, auquel nous sentons cependant que notre âme est étroitement unie ;

b) Du *monde extérieur* (théorie écossaise) ; nous avons seulement conscience d'éprouver des *sensations* dont la cause est dans les objets extérieurs ;

c) De *Dieu* (mysticisme) ; nous avons conscience des *idées* d'absolu, de Dieu (dont la cause est hors de l'esprit), non de Dieu lui-même.

Caractères propres du moi, perçu par la conscience. — La notion du moi, qui nous est donnée par la conscience réfléchie, se décompose en un certain nombre de notions plus élémentaires :

a) Etre ou *substance*, opposée au phénomène ou manière d'être ;

b) Unité et *simplicité* (1) : le moi a, en effet, une unité absolument indécomposable, et c'est là le type de toute notion d'unité (mathématiques) ;

c) Durée et *identité*, c'est le même moi qui subsiste à travers le temps ;

d) Changement et *différence* entre les phénomènes de conscience, par opposition à l'identité du moi ;

e) Cause, par l'activité de laquelle sont produits les phénomènes psychologiques ;

f) Finalité, but ou destination, tout acte réfléchi étant orienté vers une fin ;

---

(1) Nous n'avons pas à examiner ici la fausse notion du *moi-collection d'états de conscience* ; c'est là un problème métaphysique, que nous discuterons en psychologie rationnelle.

g) *Liberté*, pouvoir de se déterminer par soi à agir.

Importance de la connaissance réfléchie du moi. — C'est en réalité le *centre* de toute connaissance : quand nous parlons de l'unité, de l'identité, de la substance, de la cause, etc., dans les objets qui nous entourent, ce ne peut être que par *analogie* avec ce que nous apercevons de ces notions dans la connaissance du moi.

En ce sens, Descartes a pu énoncer cette proposition, à première vue paradoxale : « L'âme est plus aisée à connaître que les corps » : la certitude de conscience est *inébranlable à tout scepticisme*.

CHAPITRE III

LA RAISON. NOTIONS DE SUBSTANCE PAR SOI, DE CAUSE PREMIÈRE, D'ABSOLU, DE PARFAIT, DE DIEU

Distinction de la raison et de l'entendement.
— On appelle souvent d'un même mot — *raison* — deux opérations très différentes de l'esprit, qui doivent être étudiées à part :

a) Une faculté d'*acquisition*, nous fournissant des notions spéciales (Cause première, Substance par soi), qui toutes viennent s'absorber dans la notion de Dieu, Être nécessaire et parfait ; c'est la *raison* proprement dite ;

b) Une faculté *régulatrice*, concernant les jugements ou principes directeurs de toute connaissance, c'est ce que Kant appelle *entendement* ou faculté d'élaboration par excellence.

La raison et l'entendement ont entre eux d'évidents rapports, mais ils sont réellement deux facultés distinctes. Nous étudierons ici la raison, comme un mode spécial d'acquisition de la connaissance, réservant pour la métaphysique le problème objectif de la nature et des attributs de Dieu.

Notions fournies par la raison. — Les notions de la raison sont : l'*unité*, l'*identité* ou *immutabi-*

lité, la *cause*, la *substance*, la *fin* ; le *vrai*, le *beau*, le *bien* ; le *nécessaire*, l'*infini*, l'*absolu*, le *parfait* : *Dieu*.

Elles ne sont que les formes diverses d'intelligibilité de l'Etre par excellence, sur le modèle duquel tous les autres êtres dérivés sont imparfaitement conçus. L'Etre en soi en effet est Un ; il ne peut changer, ayant la perfection ; il est Cause souveraine, et ne dépend d'aucun autre être ; il est la Substance en soi et par soi ; il est la Fin suprême de toutes choses, comme il en est l'origine ; il est la source inépuisable de toute Vérité, de toute Beauté ; Nécessaire, il ne peut pas ne pas être ; Infini, il n'est entravé par rien, donc il a l'immensité et l'éternité ; Absolu, il ne dépend de rien ; Parfait, il a en lui la plénitude de l'être. D'un mot, c'est Dieu.

Rapport entre les notions fournies par la conscience et les notions analogues données par la raison. — Nous avons déjà rencontré, en parlant de la conscience, les notions d'unité, identité, cause, substance, fin, et nous les retrouvons ici dans la théorie de la raison. En réalité elles ont à la fois cette double origine ; la conscience nous fait apercevoir par intuition le moi un et identique, cause, substance, et tendant vers une fin ; mais cette *nature* du *moi* est *imparfaite* : il faut donc que la raison conçoive au-dessus de moi un Etre *parfaitement* et *absolument* un, identique, cause, substance, fin, sinon je n'aurais jamais ces notions imparfaites dans la conscience

La *nature humaine* est ainsi comme le *symbole*

imparfait de la *nature divine*; nous comprenons par là le mot, souvent répété, de Bossuet : « La connaissance de nous-mêmes nous élève à la connaissance de Dieu » : à condition que nous ayons primitivement en germe cette notion de Dieu.

Caractères des notions premières. — Ces notions ont quatre caractères essentiels :

a) Elles sont *universelles*, c'est-à-dire dans tous les esprits ;

b) *Nécessaires*, l'esprit humain ne peut s'en passer ;

c) *Évidentes* par soi, ou indémontrables ;

d) *A priori*, elles ne résultent pas de l'expérience.

Deux doctrines sur l'origine des notions premières, *l'empirisme* et le *rationalisme* : l'empirisme prétend les tirer de l'expérience (origine *a posteriori*), le rationalisme s'efforce de démontrer qu'elles sont virtuellement en nous avant toute expérience (origine *a priori*). Nous discuterons plus complètement ces deux doctrines en traitant des principes directeurs de la connaissance ; nous allons voir seulement comment l'expérience sensible pure est incapable de rendre compte de ces notions.

L'unité, l'identité. — Un objet matériel (une pierre) n'est pas une unité véritable, car tout corps perceptible est divisible : l'atome chimique est une pure conception de l'esprit. Le *sujet pensant* prend donc en lui-même le type de cette *unité*, d'où il s'élève à l'*Unité divine*. — L'expérience ne nous montre nulle part l'identité, mais au contraire partout le changement : de l'idée du moi relativement identique nous nous élevons à la seule vraie identité, indépendante de l'espace et du temps, l'*Immutabilité de Dieu*.

La substance. — D'après l'empirisme, la substance n'est qu'un assemblage de phénomènes : mais un *phénomène* envisagé en lui-même est une *abstraction*, il ne peut être qu'un des modes, une des manières d'être d'une *réalité* ; d'ailleurs pour grouper des phénomènes et en former un tout, la réalité de l'esprit doit être donnée tout d'abord. Mais le moi ne se sent pas exister par soi : je conçois une *Substance en soi et par soi*, qui est l'être par excellence.

La cause. — Pour Hume, Mill, etc., la cause est une succession constante (cause antécédent invariable, effet conséquent invariable).

Réponse : *a)* La *succession* invariable est autre chose que la *causalité* (le jour et la nuit) ;

b) Cause et effet sont non successifs, mais *simultanés* : l'effet peut subsister longtemps après la cause, mais il ne commence à exister que par l'acte de la cause. Dans la conscience apparaît le moi-cause *produisant* tel ou tel effet.

c) Les cas où un *phénomène* donné n'apparaît *pas précédé de son antécédent* sont aussi nombreux dans l'expérience que les cas contraires.

d) L'*association* entre l'antécédent et le conséquent n'est *indestructible* que parce qu'on s'efforce en vain de la rompre ; la cause véritable est donc l'*effort* volontaire.

Mais le moi n'est pas le type achevé de la cause :

son activité est limitée, et la raison conçoit une *Cause première* ou parfaite.

La fin. — La fin est ici le *but*, ou l'idée d'un *effet futur*, donc *non encore réalisé*, notion impossible manifestement à expliquer par la seule expérience. L'empirisme prétend en donner l'équivalent en *renversant l'ordre de la série causale* : d'abord le conséquent, et seulement en second lieu l'antécédent.

Réponse. — De quel droit *changer* ainsi *arbitrairement l'ordre de l'expérience*, où l'antécédent précède toujours le conséquent ? L'idée de fin apparaît dans la conscience, quand nous voulons accomplir un acte ; mais la valeur des fins de notre activité est proportionnée à la perfection qu'elles enveloppent. La *fin* par excellence est donc la *perfection* de Dieu.

Le vrai, le beau, le bien. — Les notions du vrai, du beau, du bien, existent dès l'origine dans tous les esprits, et la réflexion les développe : le vrai, le beau, le bien, sont invariables et absolus, et l'expérience nous montre à la fois le vrai et le faux, le beau et le laid, le bien et le mal, en un mot les contradictoires : or ces trois notions sont les formes diverses de l'*ordre*, et l'idée d'ordre est un des fondements de la raison : « L'ordre est l'ami de la raison, et son propre objet » (Bossuet).

Ces notions s'imposent à l'esprit, comme l'expression des divers rapports entre nos facultés et l'*absolu*. Le vrai, c'est l'absolu pour notre intelligence ; le beau, l'absolu pour notre sensibilité et notre imagination ; le bien, l'absolu vers lequel doit tendre notre volonté. L'appréciation des degrés de vérité, de beauté, de bonté, suppose une commune mesure constante, c'est-à-dire des notions absolues. La raison nous les fournit, et elles se rencontrent en un sommet commun, Dieu.

Notions d'infini et d'absolu. — Le vrai, le beau, le bien, étant les diverses formes de l'absolu, quelles différences entre les idées d'absolu et d'infini ?

L'infini est ce qui *n'a pas de limites* : notion négative, car l'infini ne peut être actuellement réalisé (Renouvier) ; un *infini réel* est *inconcevable*. L'infini n'est en effet que l'indéfini ; c'est la possibilité d'ajouter ou de retrancher toujours une quantité à une quantité donnée. Donc, ou l'infini n'est pas, ou il s'identifie avec l'*absolu* (ce qui n'est limité ou arrêté par rien). L'absolu est ainsi l'*inconditionnel*.

Pour l'empirisme, c'est la négation du relatif. Mais le relatif n'est lui-même que la négation de l'absolu, et dépend de lui.

Selon *Hamilton*, la notion de l'*absolu* est *contradictoire*, puisque conçue par notre esprit elle dépend forcément de la nature de cet esprit. « *Penser, c'est conditionner* » c'est-à-dire imposer des conditions à l'objet de la pensée.

Réponse : Ce n'est pas l'idée d'absolu qui dépend de notre esprit, mais notre *esprit* qui reçoit cette idée de l'absolu, et dont l'existence, relative comme celle de tous les êtres créés, *dépend* de celle de *l'absolu*. — L'absolu n'est donc pas une pseudo-idée : inconnaissable dans son essence totale, il est du moins concevable.

Notions de nécessaire et de parfait. — Les idées de *nécessaire* et de *parfait* dominent, enveloppent et expliquent, celle de *l'absolu*. L'absolu n'est indépendant de toute relation que parce qu'il existe nécessairement, et parce qu'il est parfait ; seul l'Etre *parfait*, auquel rien ne manque, peut être *indépendant*.

L'*empirisme* explique par l'expérience seule la notion du parfait (objections de Gassendi contre Descartes) : le parfait résulterait de l'*imparfait* dont on reculerait indéfiniment les limites, et l'idée de *parfait* se formerait *peu à peu* dans l'esprit.

Réponse : Le parfait ne peut venir de l'imparfait transformé : au contraire, l'*imparfait suppose* préalablement le *parfait* dans l'esprit. Bossuet a dit de même : « Le parfait est premier en soi et dans nos idées, et l'imparfait n'en est qu'une dégradation ».

D'ailleurs, comment l'esprit ferait-il cette épuration successive de l'imparfait, sans un *modèle* préalablement conçu dans l'esprit, sur lequel il se réglerait ? Il faut donc bien que l'idée du parfait soit innée.

— Les trois notions d'*infini*, d'*absolu*, de *parfait*, n'en font qu'une, en définitive. « La perfection n'est que la grandeur de la réalité positive, prise précisément en mettant à part les limites ou bornes dans les choses qui en ont, en sorte que là où il n'y a pas de bornes, c'est-à-dire en *Dieu*, la *perfection* est *absolument infinie* » (Leibniz).

De l'idée de Dieu. — L'idée du parfait n'est autre au fond que l'idée de Dieu même, qui résume en elle toutes les notions de la raison. C'est par opposition à l'*immutabilité* de Dieu que nous concevons le temps et l'espace comme les conditions du devenir des êtres créés. L'indépendance de Dieu à l'égard du temps et de l'espace s'appelle l'*éternité* et l'*immensité* divines. Dieu est encore la *Substance* ou l'Etre, en soi et par soi, *absolu* et *parfait*, dont dépendent toutes les autres existences. Il est la *Cause* première qui a produit toutes les autres réalités. Il est, en tant que perfection, la *Fin* suprême de toutes choses. Il est enfin la source de toute *vérité*, de toute *beauté*, de toute *bonté*. D'un mot il est l'*Etre* par excellence, dont relèvent à la fois le monde matériel et le monde moral, avec leurs lois.

Dieu est ainsi la source de toute intelligibilité et de toute intelligence : il est l'origine et la fin, la raison suprême de la pensée et de l'être.

SECTION II

Facultés de conservation

La connaissance immédiate ou intuition, avec ses différents modes, est la connaissance actuelle ; mais le présent est fuyant et insaisissable, d'où la nécessité de la *conservation*, qui consiste à penser un objet absent. Sans conservation, pas de connaissance possible ; par elle seule l'esprit embrasse à la fois le passé et l'avenir, préparant ainsi la vraie science, qui conçoit le général (facultés d'élaboration).

Les facultés de conservation sont : l'imagination, la mémoire, l'association.

CHAPITRE PREMIER

L'IMAGINATION PASSIVE

L'imagination en général est la *faculté de se représenter sous des formes sensibles des choses ou des qualités des choses non actuellement présentes.*

Imagination reproductrice, imagination combinatrice. — Il y a deux formes de l'imagination : *reproductrice*, ou *représentative*, ou *passive*, lorsqu'elle reproduit, en leur absence, les images des objets ou des qualités d'objets sensibles antérieurement perçus ; *combinatrice*, ou *créatrice*, ou *active*, lorsqu'elle combine d'une façon originale des images empruntées à l'imagination reproductrice.

I. Imagination reproductrice ; ses rapports avec la sensation et la mémoire. — L'imagination reproductrice a les rapports les plus étroits avec la *sensation*, qu'elle *conserve*, et dont elle n'est qu'un résidu. Elle a aussi des analogies étroites avec la *mémoire* : on l'appelle souvent « mémoire imaginative » ; elle est en effet la mémoire des sens, toute concrète, tandis que la mémoire proprement dite est abstraite et intellectuelle, et a pour objet des concepts.

Mais il y a une autre *différence* entre l'*imagination* reproductrice et le *souvenir* : la notion de *temps*, indispensable pour le second, est inutile pour la première (Aristote) (1).

---

(1) Nous étudierons, dans un chapitre spécial, l'Imagination créatrice, faculté de combinaison.

CHAPITRE II

LA MÉMOIRE

Objet de la mémoire. — C'est la *faculté de conserver, de rappeler et de reconnaître les états de conscience antérieurs*. L'expression : « se souvenir d'une personne, d'un événement », est inexacte ; le sens est « se souvenir d'*avoir vu* une personne, d'*avoir connu* un événement, etc. » Royer-Collard a bien dit : « On ne se souvient pas des choses, on ne se souvient que de soi-même », c'est-à-dire de ses états antérieurs.

Fonctions de la mémoire. Réminiscence et souvenir. —
 a) Conservation ;
 b) Rappel ;
 c) Reconnaissance ;
 d) Localisation dans le temps.

Lorsqu'un état de conscience a été conservé et rappelé sans être reconnu, c'est la *réminiscence* ; le *souvenir* ajoute aux deux premières fonctions la reconnaissance et la localisation.

I. Conservation, expliquée par l'habitude physiologique. — *a)* Hartley, physiologiste et psychologue anglais, explique la conservation par des habitudes de *vibrations* nerveuses, provoquant la reviviscence mentale ;

b) Descartes et les philosophes de son école ramènent la conservation à des *empreintes* cérébrales.

Réponse : Certes, la conservation, comme le rappel sans la reconnaissance, sont inconscients dans l'âme ; mais ils ne sont pas pour cela des phénomènes purement physiologiques, car ils supposent les *mêmes conditions* (identité du moi, et notion de temps), que pour la *reconnaissance* (1).

Part de l'habitude psychologique dans la conservation. — L'élément mental dans la conservation est donc l'essentiel : *l'habitude* est double, *organique et mentale* ; l'âme, comme le corps, tend à recommencer ce qu'elle a fait déjà.

Lois de la conservation. — *a)* La conservation est d'autant plus durable que les états de conscience ont produit antérieurement dans l'âme une modification plus grande, soit par une *émotion* plus vive, soit par une *attention* plus forte ;

b) La durée et la sûreté de la conservation sont en raison directe de la fréquence dans la *répétition* des états primaires (Ex. : leçon à apprendre) ;

c) Les états de conscience sont d'autant plus fidèlement conservés qu'ils sont plus étroitement *associés*.

II. **Rappel spontané et volontaire.** — Le rappel, ou reviviscence, peut se faire :

---

(1) Voy. plus loin : *Conditions de la reconnaissance.*

a) Spontanément (obsession des images ou états antérieurs qui avaient une grande intensité, rêve, rêverie);

b) Ou *volontairement* : la volonté agit indirectement, car il ne suffit pas de vouloir, pour rappeler une idée, et souvent même l'effort persistant empêche les associations nécessaires.

L'une et l'autre formes du rappel s'expliquent par l'association, soit inconsciente, soit réfléchie et méthodique.

III. Reconnaissance. Sa nature ; théorie de Reid, et discussion.

— Reid fait de la reconnaissance une *intuition du passé*, comme la perception externe est pour lui une intuition des objets.

Réponse : Le passé, une fois passé, est disparu à jamais. Correction de la théorie par Royer-Collard : « On ne se souvient pas des choses, on ne se souvient que de soi-même ». Cf. Hamilton : « La mémoire est une connaissance du présent accompagnée de la croyance au passé ».

Conditions de la reconnaissance. — *a)* Notion de l'*identité* du moi, resté le même au milieu de la variété et du renouvellement des phénomènes ;

b) Notion du *temps*, pour distinguer le passé du présent.

Loi du double contraste. — Le souvenir se distingue :

a) De la *perception*, état fort ; le souvenir est un état faible (Spencer) ; la perception est *fatale*, il dépend de moi en partie de me souvenir ; enfin le souvenir *contredit* parfois les perceptions présentes ;

b) Le souvenir se distingue de la *fiction* : il est une reproduction telle quelle, tandis que la fiction crée.

La reconnaissance est donc un acte complexe de l'intelligence proprement dite.

IV. **Localisation. Ses conditions.** — Localiser, c'est rapporter un événement à une époque déterminée dans le temps. Pour cela, il faut *oublier* tout le reste, et mettre de l'*ordre* dans notre vie antérieure, où nous plantons, en quelque sorte, çà et là des *points de repère*.

Unité de la mémoire. — La mémoire peut avoir des *objets différents*, selon les aptitudes originelles, l'hérédité, l'éducation, le milieu, le genre de vie : mémoire visuelle, mémoire musicale, mémoire des dates, des noms propres, du cœur, etc. Mais elle est toujours, comme faculté, *semblable* à elle-même.

Qualités de la mémoire. — Chaque fonction de la mémoire a sa qualité propre : conservation *facile*, *tenace*, rappel *prompt*, reconnaissance et localisation *exactes*.

Education de la mémoire. Mnémotechnie. — L'éducation de la mémoire peut se faire :

a) *Naturellement,* par l'exercice et l'habitude (lois de la conservation) ;

b) *Artificiellement,* par la *mnémotechnie*, qui substitue à la multiplicité des états de conscience, matière du souvenir, quelques associations factices (inconvénients : faire perdre de vue à l'esprit les rapports vrais et logiques des idées).

Utilité de la mémoire. — La mémoire est une faculté précieuse pour un être qui, vivant dans le *temps*, constitue surtout sa connaissance avec des éléments empruntés au *passé* : le présent, en effet, est un point insaisissable ; le futur est conçu seulement par induction plus ou moins hypothétique. La mémoire est nécessaire d'ailleurs à la vie psychologique tout entière, et même indispensable au fait de conscience le plus élémentaire, car il faut toujours qu'il *dure* si peu que ce soit.

Maladies de la mémoire. — *a) Amnésie* partielle (aphasie), totale (après les fièvres typhoïde ou cérébrale), progressive (avec l'âge), régressive (les souvenirs les plus récents disparaissent les premiers) ;

b) Hypermnésie, développement exagéré de la mémoire, totale ou partielle ;

c) Paramnésie, fausse mémoire, mirage de souvenir.

CHAPITRE III

L'ASSOCIATION DES FAITS PSYCHOLOGIQUES

Nature de l'association. — C'est la *tendance de l'esprit à passer spontanément d'une idée à une autre* ; non seulement les idées proprement dites, mais tous les faits de conscience peuvent ainsi être associés.

A. Théorie anglaise : lois empiriques de l'association, ramenées à la contiguité habituelle. — L'école anglaise contemporaine (Mill, Bain, Sully), reconnaît trois lois de l'association :

a) *Contraste* (blanc et no' ' ·

b) *Ressemblance* (Sophocle, Corneille) ;

c) *Contiguité*, dans le temps (Louis XV et Louis XVI), et dans l'espace (Les Tuileries, la Seine).

Le *contraste* se ramène à la *ressemblance* (les contrastes appartiennent à un même genre), et la *ressemblance* à la *contiguité* partielle dans l'esprit (Sophocle, Corneille, différents, ont un point commun, ils sont poètes tragiques) — Toute loi étant un rapport constant, l'*association* est ramenée à l'*habitude*.

Discussion de la théorie anglaise. — *a)* Les états de conscience, inertes et passifs, ne s'associent

PSYCHOLOGIE

pas ; ils sont associés, donc il faut une *activité de l'esprit* ;

b) Le contraste peut se ramener à la ressemblance, mais non la ressemblance à la contiguité, car cette contiguité n'est pas *ressemblance ;* donc celle-ci a *quelque chose de propre* ;

c) Les lois empiriques de l'association ne sont pas les seules, il y a des *rapports nécessaires* d'association (causalité, principe et conséquence, etc...) que l'expérience seule ne peut expliquer ;

d) L'association ne peut se ramener à l'habitude, car *avant toute habitude* il faut qu'une *première* association se forme ;

e) Les *rapports* d'association, nettement conçus comme tels, sont *postérieurs* à l'association ; mais l'association, comme toute chose, a sa raison, et la *condition mentale* de toute association (cause, substance, etc..) qui deviendra plus tard rapport d'association tel ou tel, lui est nécessairement *antérieure*.

B. **Théorie écossaise (Reid, D. Stewart).** — Elle est supérieure à la théorie anglaise sur trois points.

a) L'association est une *fonction mentale* qui, par une force spéciale d'activité, unit les états de conscience ;

b) Outre les rapports accidentels ou empiriques (littérature et arts), elle admet des *rapports* essentiels ou *rationnels* (sciences, philosophie) ;

c) Elle admet, *avant l'association*, non des rapports directement pensés, mais des *notions directrices* spontanées et primitives, qui président aux associations et les rendent possibles.

Rôle de l'association. — L'importance de l'association est grande dans le développement :

a) De la *sensibilité* (sympathie et antipathies, passions) ;

b) De l'*intelligence* (perceptions acquises, erreurs de perception, notion de notre personnalité, souvenirs, fantaisies imaginatives, formation et combinaison des idées générales, langage) ;

c) De la *volonté* (formation du caractère, développement de la vie morale, pour les individus et les peuples, éducation).

Abus de l'associationnisme. — On appelle ainsi l'empirisme contemporain, qui prétend expliquer toute la vie intellectuelle et morale par l'*expérience* et l'*association*, méconnaissant par là l'*activité* de l'esprit (raison et entendement, volonté), sans laquelle l'association ne se formerait pas, ou n'aurait nulle influence sur la vie mentale.

SECTION III

L'activité créatrice de l'esprit
Imagination combinatrice

Nature et objet. —C'est la *faculté de combiner des images d'une façon originale pour en former des images nouvelles.*

Analyse du travail de combinaison : dissociation, synthèse. — Le travail de l'imagination créatrice passe par deux moments : *dissociation* des images complexes antérieures, *synthèse* originale d'images nouvelles (Ex. : en peinture, invention d'un paysage). La matière de la conception étant donnée, il n'y a pas de *création* au sens absolu du mot.

A. **Imagination créatrice spontanée.** — La création imaginative peut être d'abord *spontanée* (rêve, rêverie), elle se règle alors pour beaucoup sur les habitudes *d'association* ; ce travail commence déjà dans l'imagination reproductrice, qui ne fait pas reparaître les images intégralement ; toujours quelques détails s'y trouvent modifiés.

Ses diverses formes, normales et anormales. — C'est l'œuvre spontanée de l'imagination combinatrice qu'on trouve dans :

a) L'*illusion* (voy. la fable : *Le Chameau et les bâtons flottants*) ;

b) La *rêverie*, qui, si la raison n'intervient pas, remplace peu à peu la réalité ;

c) Le *rêve*, construction d'images plus ou moins agréables ou effrayantes, souvent étranges et peu ordonnées, pendant le sommeil.

D'autres états, anormaux, se rattachent à l'exercice de la même faculté : *a)* l'*hallucination*, comme dans le délire, l'alcoolisme, un grand état d'exaltation de l'âme ;

b) La *folie*, lorsque les hallucinations deviennent habituelles et généralisées ;

c) Le *somnambulisme*, naturel ou provoqué, qui est « un rêve en action » (1).

B. Imagination créatrice réfléchie. — On appelle souvent exclusivement imagination créatrice la forme réfléchie de l'imagination combinatrice. C'est la faculté maîtresse du *génie*, dans la science, dans l'art. On a parfois appelé le génie une *névrose*: la ressemblance entre ces deux formes de la vie est dans l'*exaltation* de l'*imagination*, la différence est que dans la névrose la conception est *incohérente*, tandis qu'elle est dans l'homme de génie subordonnée plus ou moins étroitement à la *raison*.

---

(1) Voy. sur cet état et d'autres analogues, le dernier chapitre de la psychologie.

Dans les deux cas, la création imaginative est liée au sentiment.

Son rôle dans la vie intellectuelle et morale. — Son importance est immense dans la vie mentale.

a) Dans la *science*, l'industrie, etc., elle conçoit l'*hypothèse* et combine les procédés pour vérifier les hypothèses ;

b) Dans l'*art* et la littérature, elle forme l'*idéal*, où une idée nouvelle, un sentiment original, sont des éléments indispensables, elle invente les comparaisons et les métaphores ;

c) Dans la *vie pratique*, si l'imagination rend de grands services, elle a aussi bien des *dangers*. On connaît les réquisitoires impitoyables de Malebranche contre la « folle du logis », de Pascal contre la « maîtresse d'erreur et de fausseté..., superbe puissance ennemie de la raison » ; par elle « nous bâtissons des châteaux en Espagne » (*La laitière et le pot au lait*) ; par elle nos *passions* sont surexcitées, une sorte d'auto-suggestion les exaspère ; le *pessimisme* est souvent le fruit amer d'une habitude de « vivre à côté », où l'imagination mal réglée ou déréglée contribue pour une forte part.

Mais elle rend de grands *services* ; grâce à elle nous construisons à l'avance dans notre esprit notre *existence future*, telle que nous voulons qu'elle soit ; nous sommes soutenus, envers et contre tout, par l'*espérance* ; nous trouvons des formes nouvelles de vertu, de *charité*, de *dévouement* (les grands bienfaiteurs de l'humanité, les grands héroïsmes).

Le génie et l'inspiration. — Le *génie* consiste à former une conception originale, plus grande, plus belle que la réalité vulgaire. L'imagination esthétique, d'accord avec la raison, épure le réel, en retranche les détails insignifiants ; par là, le génie est vraiment créateur.

L'*inspiration* semble à l'artiste une force étrangère et supérieure, qui soudain l'emporte *malgré lui*, comme la Sibylle de Cumes : « *Deus, ecce Deus*..... ».

Sans doute, dans le premier moment de l'*effervescence* de l'imagination, la *raison* de l'artiste est comme *désorientée* et impuissante en face des images nombreuses et vives, qui se heurtent en lui *confusément* ; mais ce n'est là que l'*étincelle* qui jaillit brusquement entre les *éléments* dès *longtemps accumulés* et rapprochés dans l'esprit, sans qu'il s'en soit avisé. C'est le début de la synthèse laborieuse qui doit former l'œuvre d'art ; il y manque encore la *proportion*, que seule la *raison* peut donner par une suite de remaniements On peut donc dire dans un sens que « le génie est une longue patience » (Buffon).

L'imagination et l'entendement. — Ils sont en raison inverse l'un de l'autre : l'imagination forme une *image* concrète et individuelle, l'entendement une *idée* générale et abstraite. « Moins l'esprit comprend, tout en percevant beaucoup, plus grande est sa faculté d'imaginer ; plus il comprend, plus cette faculté diminue » (Spinosa).

SECTION IV

Facultés d'élaboration, ou opérations intellectuelles. Entendement

Facultés d'élaboration, formes diverses de l'entendement. — Elles ont pour rôle de *transformer en connaissances proprement dites* (idées générales, jugements, raisonnements) *les éléments ou matériaux de connaissance* d'abord acquis, puis conservés : elles sont les emplois divers de l'*entendement*, ou intelligence au sens strict du mot, et ce sont elles qui forment la connaissance proprement scientifique.

Leur objet ; leurs opérations. — L'objet des facultés d'élaboration est la conception des rapports, selon trois degrés, dont la série hiérarchique est : formation des concepts, combinaison des concepts.

a) La *formation* des concepts résulte de quatre opérations : attention, abstraction, comparaison, généralisation ;

b) La *combinaison* des concepts se fait par deux opérations, le jugement, le raisonnement ;

c) Ces diverses opérations sont subordonnées, à

leur tour, aux *principes directeurs de la connaissance*, qui les conditionnent, et qui doivent être rapportés à l'entendement proprement dit.

CHAPITRE PREMIER

L'ATTENTION ET LA RÉFLEXION. LA FORMATION DES IDÉES ABSTRAITES ET GÉNÉRALES

I. **Nature de l'attention. Théorie empirique et discussion.** — L'attention est *l'acte par lequel l'esprit se fixe sur un objet à l'exclusion des autres.*

L'empirisme (Condillac, Mill, Taine, Ribot) réduit l'attention à une « *sensation dominante* » (un bruit très fort), il n'admet donc que ce qu'on appelle parfois « attention spontanée », et qui n'est que la *distraction*, état tout passif.

Réponse : L'attention proprement dite est *active* et *volontaire*, et peut s'exercer même *sans qu'il y ait sensation* (on peut écouter sans entendre, regarder sans voir) ; la *sensation* peut, il est vrai, être l'*occasion* antécédente de l'*attention*, mais il ne la constitue pas ; l'attention peut même lutter contre les sensations. L'empirisme a le tort de ne pas tenir compte de l'*activité* de l'esprit : l'attention est un *effort*, elle est donc volontaire dans son principe, intellectuelle dans son développement (Descartes).

Ses diverses formes. — L'attention proprement dite se porte sur un objet extérieur ; à des degrés plus forts, elle s'appelle *application, contention*. Quand l'esprit se replie sur lui-même pour s'observer, c'est la *réflexion*, la *méditation* ; de même qu'il faut distinguer l'attention et la distraction, il ne faut pas confondre la réflexion avec la *préoccupation* et l'*obsession*, tout involontaires. La *contemplation* et l'*admiration* relèvent de l'attention, mais il s'y mêle une part de sentiment.

Lois de l'attention. — *a*) Comme tout ce qui est activité dans l'esprit, l'attention devient plus habile par l'*habitude* ;

b) Elle est toujours accompagnée d'un *effort musculaire* (ex. : pour regarder, pour palper), et même dans le cas de la réflexion intérieure (le front se plisse dans la méditation).

Son rôle à l'égard des diverses facultés. — 1° Influence sur la *sensibilité* : — *a*) Elle augmente l'intensité des *sensations* et des *sentiments*, en y pensant ; de même les *passions* ;

b) Elle contribue au *traitement des passions* (distractions voulues)

2° A l'égard de l'*intelligence*, elle est la condition de la connaissance ; par sa fonction analytique, elle isole les objets à connaître, et fait l'office à la fois de la loupe et du scalpel. « Le jour où pour la première fois un homme a réfléchi, ce jour là la philosophie a commencé » (Cousin). On peut dire la même chose de l'attention pour la science : Newton a découvert la gravitation « en y pensant toujours ».

II. Nature et domaine de l'abstraction. — L'abstraction consiste à *séparer idéalement ce qui dans la réalité est inséparable* : elle se distingue par là de la *division*, qui est réelle, et non seulement idéale (démonter une montre) ; elle est donc aussi autre chose et plus que l'attention, qui se porte sur les objets tels quels, avec leur réalité concrète.

Elle peut s'exercer de trois manières : *a*) Considérer une qualité d'un objet sans l'objet ;

b) Considérer l'objet sans ses qualités ;

c) Envisager les qualités d'un objet indépendamment les unes des autres.

Abstraction spontanée et réfléchie. — Comme tout acte intellectuel, l'abstraction peut être spontanée et réfléchie.

Spontanément, nous envisageons les qualités des objets indépendamment les unes des autres par les sensations représentatives (couleur, son, odeur) ; à ce point de vue, on a pu dire : « Nos sens sont des machines à abstraction » (Laromiguière).

L'abstraction *réfléchie* est une des opérations de la connaissance vraiment intellectuelle ; elle est toujours volontaire.

Son rôle dans la vie intellectuelle et morale. — *a*) Elle rend les éléments de la connaissance *clairs* et *distincts* ;

b) Elle *conditionne* et prépare, comme nous allons le voir, les autres *opérations* intellectuelles qui forment les *idées générales* ;

c) Par cela même elle est la *condition* de la *science* : car d'une part toutes les sciences (physique, chimie, mathématiques) sont plus ou moins abstraites, et d'autre part « il n'y a de science que du général » (Aristote) ;

d) Au point de vue *moral* : « Le roi de France (Louis XII) a oublié les griefs du duc d'Orléans ».

Abus de l'abstraction. — Mais elle a des dangers, et peut être aussi funeste qu'utile :

a) Si l'on *réalise* et *personnifie* des abstractions (polythéisme, personnification des forces de la nature, ou des vertus et des vices humains ; considérer les facultés de l'âme comme des êtres séparés) ;

b) Confondre les *réalités immatérielles* Dieu, âme) avec des abstractions ;

c) Dissoudre une *réalité* en *abstractions* (considérer seulement dans une personne telle qualité ou tel défaut, dans une entreprise seulement tel avantage ou tel risque) ;

d) L'abus de l'*esprit systématique*, l'*utopie*, qui envisagent exclusivement un aspect des problèmes, n'ont pas d'autre origine.

Le remède, trop rarement appliqué, est de rapporter les abstractions aux *choses réelles* dont l'esprit les a tirées, et de surveiller les compromissions de l'abstraction avec l'*imagination*, qui tout en étant l'inverse l'une de l'autre, collaborent pourtant ensemble parfois dans la conception.

III. Comparaison ; sa nature, distinguée de l'association.
— Comparer, c'est *apercevoir et affirmer un rapport entre deux abstractions*. — On dit improprement que l'esprit compare des objets : deux objets, si semblables soient-ils, ont cependant chacun leur individualité propre, et on ne peut comparer que telle ou telle qualités envisagées par abstraction dans l'une et dans l'autre.

La comparaison ressemble beaucoup à l'association ; mais elle en diffère en ce que *l'association* est toute *spontanée* et non orientée par elle-même vers la connaissance, tandis que la *comparaison* est la conception *volontaire* et réfléchie d'un rapport, avec l'intention de faire servir ce rapport à l'avancement de la *connaissance*.

Elle n'est pas seulement une « double attention » (Condillac) ; non seulement il y a effort de l'esprit pour bien apercevoir séparément les deux termes, mais aussi essentiellement aperception d'un rapport.

Conditions de la comparaison.
— *a) Abstraction*, spontanée ou réfléchie ;

b) Mémoire, pour conserver le souvenir des termes entre lesquels l'esprit conçoit le rapport ;

c) Association ;

d) Volonté et *attention* ;

e) Unité et *identité* du moi pensant, par lesquelles seules la conception simultanée de plusieurs idées est possible.

Son rôle.
— Elle est le lien nécessaire entre l'abstraction et la généralisation (pour former l'idée

générale de *blanc*, il faut avoir comparé la *blancheur* du papier, celle du cygne, celle du nuage...).

Importance de la comparaison. — *a*) En général, nous lui devons toutes les idées de *rapports* (grandeur, âge, parenté) ;

b) Dans la *science*, elle est la source de l'*analogie*, liée elle-même à l'hypothèse et à la découverte ;

c) Dans l'*art* et la *littérature*, elle engendre les *métaphores*, les *allégories*, les *antithèses* (romantisme).

Intellectuellement surtout, nous devons nous en défier : « comparaison n'est pas raison ».

Par cela même qu'elle suppose toujours avant elle l'abstraction, les idées de relation qu'elle nous fournit entre les qualités des objets sont souvent plus claires que les idées des choses elles-mêmes entre lesquelles nous les établissons, lorsque la connaissance que nous avons individuellement des choses est fragmentaire et inadéquate (remarque très juste de Locke).

IV. **Généralisation.** — *C'est l'acte par lequel l'esprit substitue un seul concept, ayant une extension indéfinie et indéterminée, à une pluralité d'abstractions individuelles semblables.*

Idée générale et image composite. — Il ne faut pas confondre l'idée générale ou concept, et l'image composite, qui n'est qu'un agglomérat d'images similaires (portraits composites de Galton, obtenus par superposition d'images) : l'image composite est d'ordre *sensible*, l'animal en est capable ; l'idée générale *intellectuelle* est propre à l'homme.

Fondement rationnel de la généralisation. — C'est que, en effet, un concept ne peut avoir d'origine purement empirique (1) : le fondement de la généralisation est dans l'entendement ; nous avons besoin de généraliser, parce que nous avons en nous la *notion d'ordre* (Bossuet).

Hiérarchie dans la généralisation. Extension et compréhension des concepts. — On distingue dans toute idée générale l'extension et la compréhension.

a) L'*extension* est le plus ou moins grand nombre d'êtres ou d'objets auxquels elle s'applique ;

b) La *compréhension* est le plus ou moins grand nombre de qualités ou d'attributs appartenant à ces êtres.

L'extension et la compréhension sont en *raison inverse* : « animal » a plus d'extension que « chien » ; « chien » a plus de compréhension qu' « animal », car il a les attributs de l'animal en général, et en outre il est vertébré, quadrupède, carnivore.

On appelle *genre* une idée plus générale, par rapport à d'autres idées moins générales (*espèces*) qui y sont contenues ; mais une même idée peut être genre ou espèce, selon les divers rapports qu'on établit entre elle et d'autres : le genre vertébré renferme les espèces mammifère, oiseau, etc. ; mam-

---

(1) Voy. plus loin, au problème des universaux, la doctrine nominaliste.

mifère à son tour est un genre renfermant les espèces quadrupède, etc.

Les cinq universaux. — Porphyre(1) énumère ainsi les cinq idées générales se rapportant à l'ordre hiérarchique du genre et de l'espèce :

a) Le *genre*, idée des caractères communs à un nombre déterminé d'espèces (ex. : animal);

b) L'*espèce*, idée des caractères communs à un nombre indéterminé d'individus (ex. : cheval);

c) La *différence spécifique*, idée des caractères communs à tous les individus de l'espèce, et distinguant l'espèce du genre qui la renferme, et des autres espèces du même genre (définition du cheval);

d) Le *propre*, idée des caractères servant à déterminer l'*essence*, résultant elle-même du genre et de l'espèce combinés (dentition du cheval, allure...);

e) L'*accident*, idée d'un caractère tout contingent et individuel ne changeant rien au type de l'espèce (couleur de la robe du cheval).

Diverses sortes d'idées générales. — *a)* Idées d'*êtres*, ou concrètes (cheval);

b) Idées de *qualités* ou de modes, abstraites (couleur);

c) Idées de *rapports* (taille, âge).

Différentes théories sur la nature et la valeur des idées générales. — 1° **Réalisme** (Platon ; Guillaume de Champeaux, XIIe siècle) : l'idée générale qui est dans l'esprit correspond hors de

---

(1) Philosophe de l'école d'Alexandrie, IIIe siècle après J.-C.

l'esprit à une *réalité générale* (Socrate, Platon, n'existent que par leur participation à l'humanité).

Réponse : *a)* C'est *réaliser* une *abstraction,* et nier la réalité des individus ;

b) L'idée d'*être* est puisée dans la conscience du *moi*, qui est une *réalité individuelle* ; d'où viendrait la conception d'une réalité universelle ?

2° Nominalisme ; discussion, et détermition des rapports de l'image et de l'idée. — Il n'y a dans la réalité que des individus, et dans l'esprit que des *images individuelles* qui y correspondent ; donc il n'y a pas d'idées générales ; en effet, chaque fois que nous essayons de concevoir le général, nous rencontrons une image. Cependant le *mot* est *général*, désignant toutes les images similaires (ex. : le mot *cheval*) ; d'où le terme *nominalisme* pour désigner la doctrine (Roscelin, xie siècle ; Guillaume d'Okkam, xive siècle ; empirisme moderne, Condillac, Mill, Taine).

Réponse : *a)* De ce que dans la réalité, il n'y a que des individus, il ne résulte pas que l'esprit ne puisse former des *idées générales* en *tirant l'intelligible du sensible* (Aristote) ;

b) Il est vrai que cette idée générale n'est pas concevable à l'état pur dans l'esprit ; toujours l'*idée s'accompagne* d'une *image* individuelle ; mais les images similaires peuvent être substituées indifféremment les unes aux autres, donc l'esprit conçoit entre elles *quelque chose* de *commun* et de constant, et c'est l'*idée générale.*

c) Un mot est un *signe*, supposant préalablement

une *chose à signifier* : donc pas de mots sans idées. D'ailleurs un mot, chaque fois qu'il est prononcé, est un son individuel, qui ne peut avoir par soi de valeur générale. Pas de *mots généraux* sans *idées générales*.

L'union des idées et des images est nécessaire : les images fournissent aux idées leur matière, et les idées une fois formées se réfèrent encore aux images initiales ou à leurs analogues ; d'ailleurs le mot est lui-même une image, dans son genre (*schématisme*, Kant). « Il n'y a pas de concept sans image » (Aristote).

3° **Conceptualisme.** — L'esprit forme des concepts généraux, mais tout subjectifs, et qui ne correspondent à rien objectivement (Abélard, XIe-XIIe siècles ; Locke, Kant).

Réponse : Comment l'esprit (et pourquoi ?) formerait-il des idées générales qui ne correspondraient à rien hors de lui ? Le principe platonicien, mal appliqué par le réalisme pur, est vrai en soi.

4° **Conclusion : conciliation du conceptualisme et du réalisme.** — Quelque chose, en effet, est vrai dans le réalisme, à savoir que nos idées générales correspondent, non à des réalités générales, mais à des *rapports* généraux entre les objets : c'est parce que nous avons une vague idée *d'ordre* et de régularité dans la *nature* que nous formons des concepts, dont le fondement logique, légitime et nécessaire, est dans les conditions d'existence constantes des choses : et ainsi toute notre connaissance consiste à « repenser, en la déchiffrant progressivement, la grande pensée de la création » (Schelling). C'est un *réalisme modéré*.

Importance de la généralisation. — *a)* Elle donne à la pensée la *simplicité*, en dégageant l'essence de la multiplicité des accidents ;

b) Elle lui donne une *portée illimitée*, par son indétermination extensive ;

c) Elle y introduit *l'ordre* ;

d) Elle est la condition de la *science* ;

e) Elle est aussi la condition du *langage* (tout mot désigne une idée générale).

CHAPITRE II

LE JUGEMENT ET LE RAISONNEMENT

V. Définition du jugement. — Le jugement est l'*opération par laquelle l'esprit affirme*. Il faut le distinguer :
a) de la *sensation*, fait purement empirique, nullement intellectuel, et qui n'implique aucune affirmation ; en outre la sensation est subjective, le jugement est objectif ;
b) de l'*association*, simple juxtaposition, non affirmation de rapports ;
c) de la *volonté* (voy. plus loin : théorie cartésienne de la croyance).

Matière et forme du jugement. — La *matière* du jugement est les idées entre lesquelles l'esprit conçoit et affirme le rapport ; la *forme*, c'est l'acte même de l'esprit, qui s'exerce toujours de la même manière, quels que soient les matériaux auxquels il s'applique. La *matière* du jugement se ramène à trois éléments essentiels : *sujet, verbe, attribut*.

Jugement spontané, jugement réfléchi. Théories de Locke et de Cousin, et discussion. — Aristote, Locke, et d'autres, ont défini le jugement : l'*affirmation d'un rapport entre deux idées*.

Il s'ensuivrait que tout jugement résulte d'une comparaison. Or Reid et Cousin surtout, ont montré qu'il y a des jugements intuitifs, irréductibles à une comparaison ; le type de ces jugements est le jugement d'existence personnelle. Cette affirmation « j'existe » ne peut, dit Cousin, s'énoncer « je suis existant ». En effet :

a) Le jugement ainsi énoncé supposerait deux termes préalables : l'*idée abstraite* du *moi*, l'*idée abstraite* d'*existence* ; or l'esprit ne débute jamais par l'abstrait, mais toujours par le *concret*. Les idées abstraites de moi et d'existence en général sont obtenues ultérieurement, par une abstraction portant sur la perception primitive du *moi existant*.

b) Même si l'esprit débute par ces deux idées abstraites de moi et d'existence, le *rapport* affirmé ultérieurement entre elles sera *abstrait*, et n'énoncera que la possibilité abstraite de l'existence du moi, non son existence réelle. Il faut donc que le *jugement d'existence* personnelle soit *primitif*, *concret* et *synthétique*.

On objecte que c'est là une « simple appréhension », non un jugement. Certes on est libre d'entendre par le mot jugement seulement l'affirmation d'un rapport ; mais le jugement intuitif et le jugement comparatif ont un caractère commun, l'*affirmation* : le premier jugement est spontané, l'autre réfléchi.

Classification des jugements. — *a*) Au point de vue du *sujet*, les jugements sont : *universels, collectifs, particuliers, singuliers* (quantité) ;

b) au point de vue du *verbe*, ils sont : *affirmatifs* ou *négatifs* (qualité), *nécessaires* ou *contingents* (modalité), *a posteriori* ou *a priori* ;

c) au point de vue de l'*attribut*, ils sont *analytiques* ou *synthétiques* (relation).

Croyance ; ses rapports avec le jugement. Théorie empirique, théorie cartésienne, et discussion. — La croyance est *l'acte par lequel l'esprit attribue à ses jugements une signification objective* ; en ce sens Leibniz a dit : « Il y a de l'être dans tout jugement ». Elle se distingue du jugement, qui est subjectif.

a) Pour Hume et Spinosa, la croyance est un *fait spontané* : ils l'expliquent le premier par la *vivacité* intrinsèque des *représentations*, le second par la *tendance* naturelle des idées à s'affirmer d'elles-mêmes.

b) Descartes fait de la croyance un acte exclusivement réfléchi, et l'attribue à la *volonté*.

Discussion. — *a*) On fait observer à Hume que la croyance peut être attachée à des *idées faibles* (rêve et rêverie) et manquer à des idées fortes (hallucination consciente). — On peut répondre à Spinosa que les *idées* ne sont pas des *forces*, et n'ont pas de *tendances* en elles-mêmes ; c'est là réaliser des abstractions. Le défaut de ces deux théories est de voir dans la croyance un fait tout passif et spontané : l'*esprit* ne subit pas ses croyances, il contribue à les faire par son *activité* essentielle.

b) La théorie de Descartes est vraie en ce sens qu'elle rapporte à l'*activité* la *tendance* qui est le propre de la croyance ; mais elle exagère en la rapportant à la seule volonté : en effet, toute croyance est d'abord spontanée, et d'ailleurs il n'est pas possible de croire ou de ne pas croire toujours à volonté ; la *volonté* peut *renforcer* une croyance, mais elle n'en est pas la *cause*.

c) On peut et on doit concilier ces deux sortes de théories. Il est vrai que l'*origine* de toute *croyance* est *spontanée* (enfants, sauvages) ; mais la *volonté* et la réflexion s'appliquent ensuite à cette spontanéité primitive pour constituer la *croyance complète* : celle-ci est un acte complexe où il faut faire toujours une part au sentiment, à la pensée, à la volonté. « Il faut aller à la vérité avec l'âme tout entière, σὺν ὅλῃ τῇ ψυχῇ » (Platon).

VI. Nature du raisonnement. — De même que le jugement réunit plusieurs idées, le raisonnement réunit plusieurs jugements : c'est l'*acte par lequel l'esprit va du connu à l'inconnu*.

Diverses sortes de raisonnement : induction déduction, analogie. — Le raisonnement a deux formes irréductibles et une forme mixte. Tantôt il s'élève du particulier, c'est-à-dire des faits, au général, c'est-à-dire à la loi *(induction)* ; tantôt il descend du général, c'est-à-dire d'un principe, au particulier, c'est-à-dire aux conséquences qui y sont renfermées *(déduction)*.

L'*analogie* n'est pas un raisonnement à part, mais une combinaison des deux autres. C'est d'abord une *induction* : a) Les corps a, b, c, d,... abandonnés à eux-mêmes tombent selon une direction verticale ; donc *tous* les corps... ; puis *b*) une *déduction* : tous les corps... ; donc *ce* corps...

Théorie empirique du raisonnement : inférence du particulier au particulier, et discussion. — St. Mill, fidèle à la doctrine empirique, que l'esprit ne peut concevoir le général, nie l'induction et la déduction comme formes spéciales de raisonnement, et n'admet que *l'analogie* entendue *empiriquement*, comme inférence d'un cas particulier à un autre cas particulier : l'enfant qui se brûle à une bougie conclut qu'une seconde bougie le brûlerait ; puis à la longue, par une *association habituelle*, il conçoit généralement tous les cas du même genre. Telle serait l'origine de *l'induction*, dont la *déduction* ne serait que la *contre-épreuve*.

Réponse : *a*) Une inférence du *particulier* au *particulier* est *contradictoire*. Tout rapport, par cela même qu'il relie, ne fût-ce que deux faits, a une nature *générale*, puisqu'il exprime une relation qui s'applique en commun à ces deux faits, et par conséquent ni à l'un ni à l'autre particulièrement ; on pourrait remplacer les faits A, B, par deux faits semblables A', B', le rapport serait identiquement le même. Un *rapport* n'est donc jamais particulier, il est *toujours général*.

b) St. Mill comprend mal l'analogie : elle *semble* aller du particulier *au particulier*, en réalité elle se décompose, comme nous l'avons vu, en une induction et une déduction. Une bougie brûle, donc toutes les bougies brûlent ; toutes les bougies brûlent, donc cette bougie...

Rôle du raisonnement dans la pensée. — Le raisonnement sert dans l'intelligence :

a) à *découvrir* l'inconnu en partant du connu ;
b) à *expliquer* des vérités encore incertaines.

D'après Port-Royal, le *raisonnement* est un signe de la *faiblesse* de l'esprit humain, obligé d'aller de degré en degré à la découverte du vrai, tandis que la *connaissance parfaite* est l'*intuition*.

Réponse : Sans doute, Dieu connaît tout immédiament, mais par le raisonnement l'homme peut du moins avoir une certaine connaissance.

Rapports et différences du raisonnement et de la raison (1). — L'*analogie* des deux *mots* et leur commune origine ont pu faire confondre parfois le raisonnement et la raison. Ils diffèrent cependant, et leurs rapports supposent évidemment leur distinction :

a) La *raison* est *intuitive*, le *raisonnement* est *discursif* ou *médiat* ;
b) La *raison*, consciente ou non (la raison inconsciente est le sens commun) est *infaillible* ; le *raisonnement* peut *se tromper*, et même toute erreur vient du raisonnement (Voy. la fin de la logique) ;
c) Les principes premiers s'appliquent à *tous* les objets de connaissance ; le raisonnement *varie* (induction, déduction) selon l'ordre de questions auxquelles il s'applique ;
d) le raisonnement *dépend* de la raison : le prin-

---

(1) Selon la distinction faite plus haut, la raison dont il est question ici s'appellerait mieux l'*entendement*.

cipe de *causalité* préside au raisonnement inductif, le principe d'identité à la déduction (Voy. logique) ;
e) lorsque le *raisonnement* oublie cette dépendance et prétend *juger la raison*, il tombe dans le scepticisme :

Raisonner est l'emploi de toute ma maison,
Et le raisonnement en bannit la raison.
      (MOLIÈRE, Femmes Savantes).

CHAPITRE III

LES PRINCIPES DE L'ENTENDEMENT; LEUR DÉVELOPPEMENT ET LEUR ROLE

I. L'entendement, source des vérités premières. — La *raison*, nous l'avons vu, entendue au sens strict du mot comme une faculté d'acquisition, conçoit les *notions* de Cause première, de Substance par soi, etc., qui toutes se ramènent à l'idée de Dieu ; l'*entendement* conçoit les *principes* de causalité, finalité, substantialité, etc., qui sont les vérités premières ou les jugements nécessaires, servant à l'élaboration de la connaissance abstraite.

De l'entendement spontané, ou bon sens, ou sens commun. — Comme toute opération de l'esprit, l'entendement est d'abord spontané, et s'ignore lui-même. Descartes l'appelle le bon sens : « le bon sens est la chose du monde la mieux partagée : car chacun pense en être si bien pourvu que ceux mêmes qui sont les plus difficiles à contenter en toute autre chose n'ont pas coutume d'en désirer plus qu'ils n'en ont » (1).

La « Logique de Port-Royal » semble dire le con-

---

(1) Début du *Discours de la méthode*.

traire. « Il n'y a rien de plus estimable que le bon sens et la justesse de l'esprit... Il est étrange combien c'est une qualité rare que cette exactitude de jugement » (1). — Mais Descartes parle de l'entendement *en germe*, et Nicole de l'entendement *en acte*, ce qui est tout différent.

Locke objecte aussi que les enfants, les ignorants les sauvages, les fous, n'ont pas les principes ; donc ils ne sont pas universels. — *Leibniz* répond que tous les hommes s'en servent, sans en avoir toujours une perception distincte : « Les notions et les principes nous sont nécessaires pour penser, comme les muscles et les tendons le sont pour marcher, quoique nous n'y pensions point » (2).

Caractères des principes premiers. — Les caractères propres des principes de l'entendement sont:

a) évidents par soi : étant premiers dans la pensée, ils ne sont réductibles à aucune notion plus claire, et sont indémontrables ;

b) nécessaires, subjectivement et objectivement ; sans eux, en effet, la pensée serait impossible, et les choses n'existeraient pas ;

c) universels, subjectivement et objectivement ; ils sont les mêmes dans toutes les intelligences, et vrais pour tous les objets ;

d) a priori, ou innés, c'est-à-dire antérieurs à toute expérience ; l'entendement est ainsi une « lumière éclairant tout homme venant en ce monde ».

(1) *Premier discours.*
(2) *Nouveaux essais*, avant-propos.

Classification des vérités premières. — *a*). Classification d'*Aristote*. Dix *catégories* (c'est-à-dire affirmations essentielles de l'entendement) :

Substance, quantité, qualité, relation, action, passion, lieu, temps, situation, possession.

Cette énumération (plutôt que classification) n'est ni complète, ni irréductible (action et passion, lieu et situation).

b) Classification de Leibniz. Deux groupes :

α) principes *logiques* (régissant la connaissance abstraite) : identité, contradiction, milieu exclu ;

β) principes régissant la connaissance de la *réalité* concrète : raison suffisante, comprenant la causalité, la substantialité, la finalité.

Classification incomplète (temps, espace, beau, bien,... omis).

c) Classification de Kant :

α) *Formes* a priori de la *sensibilité* (ou connaissance sensible) : temps, espace ;

β) *Catégories* de l'entendement :

quantité : totalité, particularité, singularité ;

qualité : affirmation, négation, limitation ;

relation : cause et effet, substance et mode, action et réaction réciproques ;

modalité : nécessité, contingence, possibilité.

γ) notion d'*absolu* (notion suprême, à laquelle toutes les autres sont subordonnées) se subdivisant en trois points de vue : *moi, monde, Dieu* ; ce sont les idées de la raison pure proprement dite (1).

(1) Kant distingue de la *raison pure* qui conditionne la

Théorie de Kant sur les jugements synthétiques « a priori, » et discussion. — Kant appelle jugements synthétiques *a priori* des jugements où l'attribut s'ajoute au sujet, en vertu d'une relation nécessaire ou *a priori* (principes de causalité, de substantialité, de finalité, principes mathématiques comme la réciproque de la définition de la ligne droite).

On objecte : *aucun jugement synthétique* ne peut être *a priori*, puisqu'il résulte d'une combinaison, dont certains éléments au moins sont empruntés à l'expérience.

Réponse : Tout *jugement a priori* est *analytique* en ce qu'il renferme une notion *a priori* dont la corrélation avec l'expérience est conçue nécessairement par l'esprit ; on peut dire aussi, à un autre point de vue, qu'il est *synthétique*, puisqu'il ne saurait s'énoncer que comme une application à une donnée d'expérience, avec laquelle se combine par conséquent l'élément *a priori*. Il n'y aurait qu'une *différence de degrés*, dès lors, pour la proportion respective de la matière et de la forme, dans tout principe *a priori*. Ceux où la matière tient le moins de place pourront être dits analytiques, ceux où la matière tient une place plus grande seront les jugements synthétiques ; mais, en somme, ils seront toujours l'un et l'autre.

Formes et principes d'espace et de temps. — Plusieurs philosophes, d'après Kant, voient dans

connaissance, la *raison pratique* (morale), et le *jugement téléologique* et *esthétique*.

l'*espace* et le *temps* seulement les conditions de l'*intuition sensible*, et non des lois de la pensée ; le plus grand nombre, plus justement, ce semble, font correspondre aux formes *a priori* de véritables principes : « Tout objet sensible est dans l'espace ; — tout événement est dans le temps ».

Principes d'identité et de non-contradiction. — Formules du principe d'*identité* : « Une chose est ce qu'elle est ; A = A ; ce qui est, est. »

Formule du principe de *non-contradiction* : « Une chose ne peut en même temps être et n'être pas » ; c'est le corollaire (et non l'origine, comme le prétend l'empirisme, qui en fait une simple généralisation expérimentale), du principe d'identité.

Il n'y a pas de principe du *milieu exclu* : « Une chose est ou n'est pas, il n'y a pas de milieu » ; c'est une autre formule du principe de non-contradiction.

Principe de raison suffisante. — « Rien n'arrive sans qu'il y ait une raison pourquoi cela est ainsi plutôt qu'autrement » (Leibniz). On l'a appelé aussi (Fouillée) principe d'*universelle intelligibilité* : « Tout ce qui est, est intelligible ». Leibniz en fait dériver les trois principes de causalité, substantialité, finalité ; il est plutôt leur réunion abstraite : toute chose est *intelligible*, quand on connaît sa *substance*, la *cause* qui l'a produite, et la *fin* pour laquelle elle existe.

Principe de causalité. — Formules défectueuses : « Tout effet a une cause » (tautologie). — « Tout phénomène a une cause » (formule incomplète, ce ne sont pas seulement les phénomènes qui ont des causes ». « Tout ce qui est a sa cause » (formule excessive, Dieu l'Être par excellence, existe par soi). — Vraie formule : « Tout ce qui commence d'être a une cause ».

Principe de substantialité. — « Tout phénomène se rapporte à une substance, à un sujet constant » ; ou : « Toute manière d'être ou qualité suppose un être auquel elle se rapporte ».

Principe de finalité. — « Tout ce qui est ordonné suppose une intelligence et un but » (Bossuet). Bacon et Descartes, à des points de vue différents, ont contesté la légitimité ou allégué la stérilité de ce principe : son *application* est plus *incertaine*, a-t-on dit, et moins universelle. — C'est un reproche injustifié : si la détermination de la finalité dans le détail est difficile, la conception de la loi universelle de finalité n'est pas moins certaine dans notre esprit, et elle est nécessairement *corrélative* de la *causalité*.

Principe des lois ou de l'induction ; sa réduction à la causalité et à la finalité. — Cette union de la causalité et de la finalité apparaît surtout dans la conception du principe des lois, qui n'est pas un principe distinct. « Les mêmes causes, dans les mêmes circonstances, produisent ou tendent à produire les mêmes effets » ; c'est-à-dire : « Tout ce qui commence d'être a une cause » et : « Une cause donnée est destinée à produire certains effets donnés ».

Rôle et importance des vérités premières. — *a)* Elles sont la condition de *toute connaissance* en général ;

b) Elles sont *a fortiori* la condition de toute *connaissance scientifique* (principes de raison suffisante, substantialité, causalité, finalité, pour les sciences de la nature et les sciences morales ; principes d'identité et de non-contradiction pour les sciences mathématiques).

II. Problème de l'origine des vérités premières. Empirisme et rationalisme. — Toutes les explications proposées pour expliquer l'origine des principes nécessaires peuvent se ramener à deux types :

a) Empirisme : toute connaissance, y compris les principes, vient de l'expérience ;

b) Rationalisme : une faculté spéciale, la raison, avec l'entendement qui s'y rattache, apporte en elle, en naissant, ces vérités, soit toutes faites, soit seulement en germe.

A. Théories empiriques. — *a)* **Sensualisme de Locke et de Condillac, et discussion.** — Sous sa forme la plus rudimentaire et la moins acceptable, l'empirisme sensualiste explique toute connaissance par l'expérience sensible ou l'expérience de conscience, et l'habitude (Epicure, Locke, Condillac, Taine).

Locke : « L'âme, au début de son existence, ressemble à une *table rase* (1), sans idées, sans carac-

---

(1) Traduction littérale, mais peu claire, du latin *tabula rasa*, c'est-à-dire « tablette à écrire, sur laquelle rien n'est écrit encore ».

tères ; et l'expérience seule lui fait acquérir toutes ses idées et ses connaissances ». Il reconnaît encore à l'esprit une certaine activité dans le pouvoir de *réflexion*, qui reprend et élabore les sensations initiales.

Condillac, plus intransigeant et plus logique, n'admet que la *sensation* : en *se transformant*, elle produit l'attention, la mémoire, le jugement...

Réponse : α) L'expérience, *finie* et *contingente*, ne peut former des principes *universels* et *nécessaires* ; cette objection vaut d'ailleurs contre tout empirisme ;

β) Les principes, *conditions* de l'intelligibilité de l'expérience, ne peuvent en être les *produits* (Kant) ;

γ) Tout empirisme est *contradictoire* : réflexion (Locke), abstraction (Taine), sont des formes de l'activité de l'esprit.

b) **Associationnisme : (Hartley, Hume, Mill), et discussion.** — L'empirisme associationniste semble plus scientifique. Il reconnaît trois éléments de connaissance : *expérience, association, habitude*, qui rend peu à peu les association indissolubles.

Réponse : α) L'*expérience*, limitée et contingente, ne peut former de *principes universels* et *nécessaires* ; d'ailleurs elle ne devient intelligible que par l'intervention des principes, qui *doivent préexister* dans l'esprit.

β) Le rôle de l'*association*, ici capital, ne peut s'expliquer dans la doctrine. En effet :

D'abord, les *phénomènes, abstraits*, sans activité, ne peuvent *s'associer* d'eux-mêmes ; il faut l'intervention d'un *pouvoir de l'esprit*, donc antérieur aux phénomènes, donc jouant à leur égard un rôle *analogue* à celui de la *raison*.

Ensuite, associer, c'est réduire une multiplicité à l'*unité* : or l'unité *ne peut résulter*, d'elle-même, d'une multiplicité, une collection ne peut se faire par soi ; il faut un *acte unifiant* de l'esprit.

Enfin, une association ne peut se faire au *hasard*, elle doit être *dirigée* par une *idée* (cause, substance), condition, non résultat, de l'association.

γ) L'*habitude*, toujours *personnelle*, ne peut former des associations *universelles*.

D'ailleurs, si les associations habituelles se développent dans le même sens, c'est qu'il y a innées dans l'esprit des idées qui dirigent ce développement uniforme.

c) **Théories de l'hérédité et de l'évolution (Spencer), et discussion.** — Le sensualisme et l'associationnisme veulent expliquer l'universalité et la nécessité des principes par la seule expérience individuelle : l'évolutionnisme y ajoute l'expérience accumulée des générations humaines (hérédité), et même l'expérience progressivement compliquée à travers la série des êtres sentants (évolutionnisme).

Réponse : α) L'*hérédité* est bien une loi physiologique et psychologique : mais en général elle *ne se vérifie pas uniformément*, parce que les circonstances extérieures viennent se composer avec elle et la modifier. Dès lors, pourquoi l'hérédité se *vérifierait-elle exceptionnellement* pour le *développement intellectuel*?

β) L'hypothèse de l'*évolution* n'est pas *démontrée*. Le fût-elle, pourquoi se ferait-elle toujours dans le sens du *progrès*, sinon parce qu'il y a un *modèle* sur lequel se règle ce développement, c'est-à-dire des *principes directeurs* de cette évolution même ?

Ensuite, si l'on ne suppose pas au moins les principes en germe à l'origine de l'évolution, il est impossible d'expliquer comment les *formes supérieures* de la pensée peuvent *sortir des formes inférieures*. Le plus ne peut être engendré par le moins.

Enfin, même avec l'évolution, l'expérience accumulée pendant des générations aussi nombreuses qu'on voudra, ne pourra jamais anticiper sur l'avenir, et devenir universelle.

B. **Doctrines rationalistes.** — Les théories sur l'origine *a priori* des principes peuvent se ramener à deux groupes : — Les vérités premières sont *toutes formées* dans l'esprit dès sa *naissance* (Platon, Malebranche, Kant) ; — Elles sont *a priori* seulement en germe, comme *virtualités* (Aristote, Descartes, Leibniz).

a) — α) *Platon.* La raison dans la vie actuelle n'est que la *réminiscence* (ἀνάμνησις) d'une *préexistence*, où nous avons eu l'intuition adéquate des réalités elles-mêmes.

Réponse : L'hypothèse des préexistences est pure *conjecture.*

β) *Malebranche.* Par intuition « nous voyons en Dieu » les essences et les lois des choses, et par là nous pouvons connaître et comprendre le monde.

Réponse : La *marche* de l'esprit est inverse ; nous

remontons des effets à la cause, du monde à Dieu.

γ) *Kant.* Les *formes* de la sensibilité, les *catégories* de l'entendement, les *idées* de la raison pure, qui régissent toute pensée, sont *a priori*, et servent à interpréter l'expérience, matière du savoir.

Réponse : Toute connaissance suppose nécessairement le concours de l'expérience et de l'activité de l'esprit ; c'est ce que nous voyons bien dans les doctrines rationalistes du second groupe.

b) — α) *Aristote.* — De l'expérience initiale, où se trouve comme caché l'universel *en puissance*, l'*intellect actif* dégage, par une interprétation propre, ce que les modernes appellent les principes, l'universel (formes intelligibles, universel *en acte*) ; l'*intellect passif* applique ensuite ces formes intelligibles à la connaissance des choses.

β) *Descartes* appelle raison l'intellect actif d'Aristote, et donne le nom d'*innées* aux idées qu'elle nous fournit.

Objection (Gassendi, Hobbes) : L'*enfant* ne vient pas au monde avec des *idées toutes faites*.

Réponse (Descartes) : « Je les (ces idées) ai nommées naturelles, au même sens que nous disons que la générosité, par exemple, est naturelle à certaines familles, ou que certaines maladies, comme la goutte et la gravelle, sont naturelles à d'autres » (1). Ce sont donc des idées et des principes *virtuels*.

γ) *Leibniz* a au fond la même doctrine : les lois de

---

(1) Réponses aux troisièmes objections contre les *Méditations*.

l'intelligence sont des *préformations*, des *prédispositions*, des *virtualités* naturelles. « Nihil est in intellectu quod non prius fuerit in sensu, nisi ipse intellectus ». Il compare ces prédispositions virtuelles dans l'esprit à des veines qui dans un bloc de marbre dessineraient intérieurement une statue d'Hercule, par exemple, laquelle y serait donc en puissance ; le travail du sculpteur la fait passer de la puissance à l'acte (1).

Conclusion. Subordination de l'entendement à la raison. — L'*entendement* est donc la faculté par laquelle nous mettons de l'*ordre* dans les données particulières de l'*expérience* externe ou interne, à l'aide des *principes* qui ont leur origine dans un Etre absolu, grâce à une sorte de participation de notre pensée à la pensée divine. Ils ne sont pas, en effet, de pures conceptions de la pensée, de pures lois subjectives que l'esprit impose au monde, mais les diverses manifestations à la pensée de l'homme, des lois des choses éternellement pensées par un Etre infini, absolu, parfait, réalité éternelle et immuable, principe et fin de toute existence.

(1) *Nouveaux Essais*, avant-propos.

Théories empiriques sur l'origine des principes de l'entendement.

Sensualisme (Locke, Condillac).
- *Exposé.*
  - Locke : Table rase : *Nihil est in intellectu quod non prius fuerit in sensu.*
  - Condillac : Sensation transformée.
- *Discussion.*
  - a) Les principes *universels* et *nécessaires* ne peuvent venir de l'expérience *finie* et *contingente*.
  - b) Principes, conditions, non résultats, de l'expérience.
  - c) Réflexion (Locke) = activité de l'esprit.

Associationnisme (Hume, Mill).
- *Exposé.*
  - *Expérience, association, habitude,* éléments de toute connaissance.
- *Discussion.*
  - a) Expérience *finie* et *contingente*.
  - b) Association, *acte* de l'esprit ; — réduction d'une pluralité à l'*unité* ; — suppose des idées préalables, ne peut se faire au hasard.
  - c) Habitude, individuelle, non universelle.

Évolutionnisme (Spencer).
- *Exposé.*
  - Éléments de toute connaissance : *expérience, association, habitude, hérédité, évolution*.
- *Discussion.*
  - Même discussion que pour l'associationnisme, et en outre :
  - a) L'*hérédité* n'est jamais *uniforme* ;
  - b) *Évolution* = *hypothèse* ;
  - c) L'évolution ne se fait pas au hasard.

SECTION V

Faculté d'expression. Les signes ; rapports du langage et de la pensée.

Définition générale du langage. — L'homme, vivant de la vie sociale, a besoin de communiquer à ses semblables ses états de conscience : il le fait par l'intermédiaire du *langage*. Le langage est un *ensemble de signes par lesquels l'homme exprime ses sentiments, ses pensées, ses volitions*. Il faut donc savoir ce que c'est qu'un *signe*.

Distinction des indices, et des signes du langage. — D'abord, une distinction est nécessaire. Un *indice* est un fait sensible dont la présence est liée, pour l'esprit qui le perçoit, à l'idée d'une autre chose non actuellement perçue ou perceptible ; exemple : une ruine est l'*indice* d'une habitation humaine antérieure.

On appellera spécialement *signe* un fait sensible produit *intentionnellement* pour manifester au dehors un état psychologique ; exemple : un cri, un geste, un mot, des caractères d'écriture. Les signes, dans le sens strict du mot, appartiennent au langage.

Dans les deux cas, la signification est une association.

Diverses sortes de langage. — La distinction la plus générale est entre : le langage *naturel* ou *émotionnel* (expressif des seules émotions), subdivisé en langage visuel (gestes, attitudes), et langage auditif (cris, mots) ; et langage *conventionnel*, où il faut distinguer la *parole,* langage intellectuel, mi-naturel (tous les hommes parlent), et mi-conventionnel ; et les signes purement conventionnels (*signaux*).

A. Langage naturel ; ses caractères ; son interprétation. — Le langage naturel (cri, geste) est *synthétique* (il n'explique et ne détaille rien), et *universel* (compris de tous les hommes). — Son universalité résulte :

a) des *rapports* uniformes, dans l'humanité entière, entre l'*âme et le corps* ;

b) de la *sympathie* instinctive entre tous les hommes, dont la nature est une au fond.

Tout geste est une action commencée ou ébauchée (Gratiolet, Darwin : principe de l'*action directe du système nerveux sur l'organisme,* principe de l'*association des habitudes utiles*).

B. Langage articulé ; la parole. — Le langage articulé est à la fois *naturel* et *artificiel* : car d'une part tout être humain parle, et d'autre part les diverses langues résultent d'une convention, anonyme, il est vrai, et impersonnelle. Deux problèmes se posent : *origine* de la parole ; *rapports* de la pensée et de la parole.

1º **Théories sur l'origine de la parole.** —
a) Théorie évolutionniste : le cri animal serait devenu, par un développement en complexité croissante, le mot humain (Darwin, Spencer).

Réponse : α) En fait, le *cri* (voyelle) ne se transforme pas de soi en *mot* articulé (consonne et voyelle) : l'exemple du perroquet, du corbeau, etc., ne prouve rien, car les sons imités n'ont pour l'animal aucune *signification*, et c'est là seulement la parole.

β) En droit : le mot désigne toujours une idée générale ; or une *sensation* ne peut devenir une *idée* sans l'intervention d'opérations mentales propres à l'homme.

b) Invention humaine : Un être humain, plus intelligent que les autres, aurait inventé un langage articulé rudimentaire (doctrine attribuée à Démocrite).

Réponse : α) L'homme ne *crée* jamais rien, au sens absolu du mot ;

β) Comment cet inventeur se serait-il fait comprendre des autres hommes, s'ils n'avaient déjà une *faculté d'interprétation* des signes ?

c) Origine dans une *révélation divine*. Dieu aurait révélé au premier homme les noms de tous les êtres (de Bonald, s'appuyant sur le récit de la Genèse dans la Bible ; de Lamennais).

Réponse : α) Le récit de la Genèse dit que « Adam *nomma* les plantes et les animaux », non que Dieu lui en révéla les noms ;

β) Pour que l'homme comprît cette révélation, il

eût fallu d'abord en lui une *faculté* de comprendre les signes.

d) Instinct naturel du langage. — En vertu d'un instinct spécial, les mêmes mots s'associent aux mêmes idées dans l'esprit des premiers hommes : « Dans son état primitif et parfait, l'homme possédait la faculté de donner une expression articulée aux conceptions de sa raison » (1) (Max Muller, et avant lui Reid, Jouffroy, Renan).

Réponse: α) Cette doctrine revient au fond à celle de Bonald, car l'*instinct* de la parole est un *don de Dieu*;

β) Comment expliquer la *diversité des langues*, si nombreuses dans l'humanité ?

e) Elaboration progressive. — L'*imitation* originelle des *bruits naturels* (onomatopées, puis métaphores *analogiques*, pour la formation des idées abstraites par un passage du sens propre au sens figuré) expliquerait le développement progressif du langage articulé, avec sa complexité et son analyse croissantes à travers les générations humaines (Platon, Leibniz, Condillac, de Brosses, de Biran, Whitney). L'homme, être sociable, a la faculté de parler ; il *traduit* d'abord *au dehors* ses états internes ; puis, par *généralisation*, il forme dans son esprit l'idée générale de *signe* ; ensuite, il *imite* intentionnellement les bruits naturels ; enfin, par l'*analogie*, il étend peu à peu le domaine de la parole.

Cette doctrine de conciliation est la plus large, et par suite la plus vraisemblable.

---

(1) Max Muller, *La science du langage*, 9ᵉ leçon.

2° **Rapports de la parole et de la pensée.** — La parole étant l'expression de la pensée, celle-ci est nécessairement antérieure. Mais la parole contribue à son tour au *développement* de la pensée :

a) Elle permet aux hommes d'*échanger* leurs idées, ce qui est une indispensable condition du progrès de l'esprit humain ;

b) Elle sert à fixer et *conserver* les idées ;

c) Elle contribue même à *former* la pensée, par un double travail d'*analyse* et de *synthèse* ; la pensée est décomposée en éléments qu'expriment les diverses sortes de mots, lesquels sont combinés ensemble pour former des phrases (1).

Théorie exagérée de Condillac, et discussion. — De cette union étroite de la pensée et de la parole Condillac a conclu que « nous ne pouvons penser sans le secours des mots », et que « une science est une langue bien faite ».

Réponse : a) La *pensée* est *antérieure* au langage : tout le travail d'*élaboration* pour former l'idée générale se fait *avant* l'apparition du *mot*, destiné à exprimer cette idée même ;

b) Une langue scientifique bien faite (algèbre, chimie), peut *perfectionner* grandement une science, mais ne la *constitue* pas. Un développement notable de la pensée a donc produit d'abord l'instrument dont elle s'est servie ensuite pour aller plus loin dans ses recherches.

Abus du langage ; erreurs du langage. — Si

---

(1) Voy. Egger, *La parole intérieure*.

l'on n'y prend garde, les mots se substituent aux idées, et l'on « se paie de mots » : abstractions réalisées ; sens spécial donné au détail d'une idée exprimée par un mot, qui ne représente que certaines nuances ; *psittacisme* (Leibniz) ; — erreurs du langage : équivoque, amphibologie, synonymie hasardeuse, passage du sens divisé au sens composé, *idola fori* de Bacon (Voy. *Logique*).

Langues synthétiques et analytiques. — Les langues synthétiques sont celles où l'analyse est moins développée, les langues analytiques celles dont le vocabulaire exprime plus de nuances de la pensée (Exemple : *amor, je suis aimé* ; λύονται, *ils délient pour eux-mêmes*). La loi du développement des langues est le passage de l'état synthétique à l'état analytique, développement parallèle à celui de la pensée elle-même.

Classifications des langues. — On peut classer les langues : *a*) au point de vue *morphologique :*

α) langues *monosyllabiques*, les mots sont des monosyllabes juxtaposés (chinois, siamois) ;

β) langues *agglutinantes*, les mots sont formés d'une racine et d'une particule accolée à cette racine invariable (japonais, turc) ;

γ) langues *flexionnelles*, la racine est modifiable avec des désinences variables (langues aryennes et sémitiques. Exemple : Je *bois*, je *buvais*).

b) au point de vue *généalogique*, trois grandes familles :

α) langues *touraniennes* (mongol, turc, samoyède, malais...) ;

β) langues *sémitiques* (assyrien, hébreu, arabe...) ;
γ) langues indo-européennes ou *aryennes* (sanscrit, arménien, grec, latin, celtique, slave, allemand, anglais, norwégien...)

D'une langue universelle. — Pour faciliter les échanges d'idées scientifiques, commerciales..., on a imaginé de substituer *une seule langue* universelle à la multiplicité des langues diverses (Descartes, Leibniz, Condillac, Max Muller).

Théoriquement, une telle langue est possible ; *pratiquement*, il faut distinguer :

a) une langue *écrite* (exemple : latin, langue savante ; français, langue diplomatique) ;

b) une langue *parlée* (volapük) : dans ce second cas il est impossible que les peuples de différentes races parlent tous une même langue impersonnelle, en faisant abstraction de leurs habitudes psychologiques, de leurs mœurs.

De la grammaire générale. — Chaque langue a sa syntaxe : mais il y a une sorte de *syntaxe universelle*, commune à toute langue ; c'est la grammaire générale, science de l'expression correcte et logique de la pensée.

Elle renferme trois parties, correspondant aux trois opérations logiques : conception, jugement, raisonnement.

a) *Conception*. Trois sortes de termes :
α) *substantifs* (substances) ;
β) *attributifs* (modes et attributs : articles, adjectifs, pronoms, participes, adverbes) ;

γ) termes de *rapports* (verbes, prépositions, conjonctions, interjections).

b) *Jugement* et *proposition*. Eléments : sujet, verbe, attribut. Analyse grammaticale. Propositions simples et composées, incomplexes et complexes, analytiques et synthétiques.

c) *Raisonnement.* Analyse logique.

C. **Langage conventionnel ; ses diverses formes.** — Le langage proprement et exclusivement conventionnel comprend :

a) les *signaux* : signaux *auditifs* (tambours, clairons, salves d'artillerie); signaux *optiques* (sémaphores, fusées) ;

b) l'*écriture*, notation algébrique, notation chimique.

L'écriture ; ses diverses espèces. — L'écriture est :

a) *idéographique*, se distinguant en dessin, et emblèmes symboliques (hiéroglyphes égyptiens) ;

b) *phonétique*, quand ces signes sont conventionnels, expriment les sons articulés ; on la distingue encore en *syllabique* (chinois, turc), et *alphabétique* langues européennes).

Diverses sortes de langage

1. Langage émotionnel, synthétique, concret, naturel.
 - Optique : Gestes, Physionomie, Attitudes.
 - Auditif : Cris, Rires.

2. Langage articulé, analytique : naturel et artificiel.
 - Origine : Théorie évolutionniste. Invention humaine. Révélation (de Bonald). Instinct naturel (Max-Müller et Renan).
 - Rapports avec la pensée : Élaboration progressive. Échange des idées. Fixation des idées. Formation de la pensée (analyse et synthèse).

3. Langage conventionnel.
 - Signaux : Phares, tambour, cloche, clairon, artillerie.
 - Écriture :
   - Idéographique : Dessin. Emblèmes symboliques.
   - Phonétique : Syllabique. Alphabétique.

PSYCHOLOGIE

LIVRE III

LA VIE ACTIVE

LIVRE III

LA VIE ACTIVE

La vie active ; ses diverses formes : instinct, habitude, volonté. — L'activité, dans le sens le plus général du mot, n'est pas une faculté spéciale, elle est le fond même de notre âme, et nos facultés ne sont que ses diverses formes ; Leibniz définit l'âme « *vis sua conscia, sui potens, sui motrix* ». Mais, dans un sens plus spécial, l'activité est le *pouvoir d'agir*, c'est-à-dire de *produire et de manifester au dehors certains actes*.

L'activité ainsi entendue a trois modes :

1º *Instinct*, spontané, primitif, sans préméditation ;

2º *Habitude*, spontanéité acquise par la répétition ou la continuité des actes ;

3º *Volonté*, activité réfléchie et libre.

CHAPITRE PREMIER

L'INSTINCT ET LES INSTINCTS

Définition. — L'instinct (*ἐν, au dedans, στίζειν, stimuler*), est un *besoin inné, fatal, aveugle,* d'accomplir *les actes nécessaires à la conservation de l'individu et de l'espèce* : il est une marque évidente de finalité dans la nature.

Caractères de l'instinct. — *a) Ignorance du but* (œufs d'insectes herbivores déposés sur de la chair putréfiée, pour l'alimentation des larves carnivores) ;

b) perfection immédiate, et infaillibilité absolue, sans éducation ;

c) il est *impersonnel*, le même chez tous les individus de l'espèce ;

d) spécial, en rapport avec l'organisme de l'espèce ;

e) fatal, l'animal ne peut y résister.

Classification des instincts. — A. Conservation de *l'individu* :

a) nutrition ;
b) préhension de la proie ;
c) approvisionnements ;
d) construction de l'abri, nid, etc.

B. Conservation de l'*espèce* :

a) construction d'habitations communes (ruches, nids de fourmis...)

b) reproduction ;

c) protection de la portée ou de la couvée ;

d) instincts sociaux (abeilles, fourmis, antilopes).

Théories sur l'origine de l'instinct. — Quatre théories principales : *Descartes* (l'instinct est un mécanisme tout organique) ; *Montaigne* (l'instinct est de même nature que la raison) ; théorie *empirique* (Condillac, instinct = habitude individuelle ; Darwin et Spencer, instinct = habitude héréditaire) ; origine *a priori* (Cuvier) de l'instinct fatal et aveugle.

a) Théorie de Descartes, Malebranche, Port-Royal. — Les animaux sont des « machines », car ils ne parlent pas, et leurs actes sont automatiques.

Réponse (La Fontaine) : les animaux ne *pensent* pas, mais ils ont des *sensations*, certains *sentiments*, des *associations*, ils ne sont donc pas des « automates » ; au dehors ils nous semblent tels, au dedans ils sentent, se souviennent, ont conscience de l'*activité motrice*, etc., vraisemblablement comme nous.

b) Théorie de Montaigne. — L'instinct n'est qu'une forme plus rudimentaire de la raison ; différences de degrés, non de nature : « Quand je me joue de ma chatte, peut-être elle se joue autant de moi ».

Réponse : Les actes instinctifs ne sont *nullement intelligents* (une abeille continue à verser son miel dans une cellule percée); ils sont *invariables*, et

« les animaux n'inventent rien » (Bossuet) ; ils sont tout *pratiques*, tandis que l'intelligence est aussi et surtout spéculative. « Instinct, raison, marques de deux natures » (Pascal).

c) *Théorie empirique. Condillac.* — L'instinct est la résultante des habitudes individuelles.

Réponse : α) Les jeunes animaux font certains actes antérieurement à toute habitude (natation du petit canard) ;

β) certains actes sont trop *compliqués* et trop *précis* pour avoir été appris (l'ammophile).

Lamarck, Darwin, Spencer. — Il faudrait admettre au moins des habitudes héréditaires engendrées par la sélection naturelle, la lutte pour la vie, l'adaptation au milieu (Darwin).

Réponse : α) Cela même suppose dans un organisme tel ou tel des *besoins*, des *aptitudes*, donc un minimum d'instinct *primitif* ;

β) à l'origine, comment se ferait le *premier acte* qui doit être le point de départ des habitudes ultérieures ? rien ne se fait absolument au *hasard* ;

γ) en fait nous ne voyons pas apparaître de nouvelles espèces et de nouveaux instincts ; il y a des *modifications de détail*, qui n'entament pas le *fond* essentiel de l'*instinct* dans une espèce ;

δ) de toute façon, il faudrait distinguer une première « mise de fond » d'*instinct* très simple, auquel seraient venues s'*ajouter* des *habitudes* instinctives.

d) Reste donc la théorie de l'*innéité* de l'instinct, profondément distinct de la raison (Cuvier) : innéité d'une image dynamique, qui actionne l'organisme, et lui fait accomplir les mouvements appropriés et nécessaires, comme dans le somnambulisme.

Rôle de l'instinct chez l'animal et chez l'homme. — Nous n'avons parlé jusqu'ici de l'*instinct* que chez l'animal ; l'*homme* n'en est pas dépourvu, mais chez lui l'instinct est sous la direction de l'*intelligence* et de la *volonté* : il les précède, et leur fournit la matière dont sont faites, par des transformations successives, les idées et les résolutions. Chez l'animal il remplace l'intelligence et la volonté, et dirige toute la vie mentale.

APPENDICE

Psychologie comparée en général ; sa méthode. — La psychologie comparée a pour objet l'étude de toutes les variétés de faits psychologiques chez l'homme et chez l'animal ; sa méthode principale, qui doit être employée avec grande circonspection, est l'*analogie*.

1º Chez l'*homme*, on peut comparer les différents *âges* entre eux : l'état *sauvage* et l'état *civilisé*, les *nations*, les *races* (psychologie ethnographique) ; les états *sains* et les états *morbides* (folie, criminalité), par la psychopathie, la psychiatrie ; étudier les *professions*, l'état *social* des classes à travers l'histoire (sociologie), *l'enfant* comparé à l'adulte, etc.

2° **Comparaison de l'homme et de l'animal.**
— Plus spécialement, il y a des ressemblances et des différences entre l'homme et l'animal.

a) Ressemblances α) dans la *vie sensible* : *inclinations, sensations*, certains *sentiments*. Descartes et ses disciples réservent le sentiment à l'homme comme un privilège ; mais par analogie on peut accorder aux animaux supérieurs tout au moins de la jalousie, de la haine, de l'affection pour l'homme, l'amour pour la progéniture, sans donner à ces sentiments une portée morale ;

β) dans la *vie intellectuelle* : *sensations* représentatives, *conscience* spontanée, *images* reproductrices, *rêve, associations* ; langage émotionnel (cris, attitudes) ;

γ) dans la *vie active*, *instinct, habitude*.

b) Différences. L'homme a en propre :

α) dans la *sensibilité*, les sentiments supérieurs et les passions ;

β) dans l'*intelligence*, la perception proprement dite, la conscience réfléchie, la raison, la mémoire intellectuelle, l'imagination créatrice, les opérations intellectuelles, l'entendement, la parole ;

γ) dans la *vie active*, la volonté libre.

D'un mot, l'homme a en propre toutes les *formes supérieures* de la *vie mentale* : la science, l'art, la morale, la philosophie, la religion.

Psychologie comparée

L'homme et l'animal

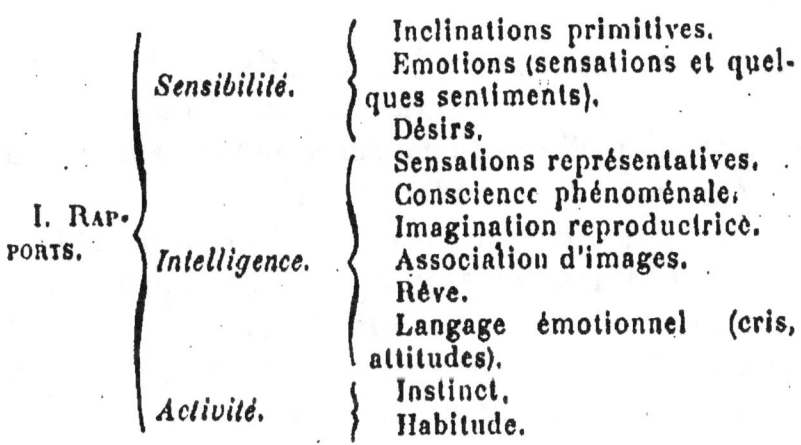

I. Rapports.
- *Sensibilité.*
  - Inclinations primitives.
  - Emotions (sensations et quelques sentiments).
  - Désirs.
- *Intelligence.*
  - Sensations représentatives.
  - Conscience phénoménale.
  - Imagination reproductrice.
  - Association d'images.
  - Rêve.
  - Langage émotionnel (cris, attitudes).
- *Activité.*
  - Instinct.
  - Habitude.

II. Différences : L'animal n'a ni la *raison*, ni la *liberté*, propres à l'homme, et il est incapable de *science*, d'*art*, de *moralité*, de *religion*. « La différence est énorme entre le sauvage le plus abruti et le singe le mieux organisé » (Darwin).

CHAPITRE II

L'HABITUDE

Nature et origine de l'habitude. — Il y a deux façons de concevoir l'habitude : pour *Descartes* elle est une loi d'inertie et de conservation *passive* ; pour *Aristote* elle est une tendance *active*.

a) La théorie de Descartes expliquerait tout au plus les habitudes physiques ou organiques. Toute habitude dans l'âme est une *tendance* ou un besoin ; même dans les cas où on l'appelle passive, elle manifeste encore une tendance, donc une *activité* dans l'âme.

b) Il faut dès lors définir l'habitude, selon la doctrine d'Aristote : « *une tendance de l'être à persévérer dans son être* » ; elle appartient à tout être vivant, et aux seuls êtres vivants. Elle est *une disposition, acquise et fortifiée par la répétition, à reproduire avec une facilité croissante les états de conscience antérieurs.*

La *répétition* semble être la *cause* de l'habitude ; elle en est tout d'abord l'*effet*, car pour répéter un acte autrement que par un effort nouveau, il faut avoir une *tendance* à le répéter : or cette tendance se manifeste dès le premier acte, qui est, en partie du moins, la raison du second.

La permanence et la continuité du principe actif multiplient ensuite sa puissance par ses propres effets, et relie entre eux les actes en les ajoutant les uns aux autres.

Il est d'ailleurs vrai que les répétitions ultérieures accroissent et fortifient l'*intensité* de l'habitude ; l'effet revient ainsi sur la cause, et en multiplie la puissance : *vires acquirit eundo*. L'habitude est donc un pouvoir primitif de l'âme, mais la loi de son exercice et de son développement est la répétition.

Distinction de l'habitude et de l'instinct. — *a*) Ils se ressemblent par :

la *facilité* des actes ;
leur *automatisme* ;
leur *fatalité* ;
leur *inconscience*.

b) Ils diffèrent :

α) l'instinct est *inné*, l'habitude est acquise ;

β) l'instinct est *fatal* et *aveugle*, certaines habitudes résultent de l'*intelligence* et de la *volonté*, donc sont moralement *imputables* ;

γ) l'instinct est *identique* chez tous les individus de l'espèce, l'habitude est *individuelle* ;

δ) l'instinct est *imperfectible*, toute habitude change et se développe.

Lois de l'habitude. — *a*) La rapidité de la formation et la durée de l'habitude sont en raison directe de l'*intensité*, de la *durée*, ou de la *fréquence* dans la *répétition* des états ;

b) elle rend les actes *plus faciles*, crée ou *renforce* les besoins, *amortit* progressivement leur conscience.

Diverses espèces d'habitudes. — Au point de vue des effets de l'habitude, on distingue les habitudes en *passives* et *actives*.

a) l'habitude *diminue* progressivement les plaisirs et les douleurs égoïstes (sensations et certains sentiments) ;

b) elle *développe* les passions, l'activité intellectuelle et volontaire.

Cette distinction est trop tranchée, il y a entre les deux habitudes différence de degrés seulement : la facilité croissante est une forme de passivité, et d'autre part toute habitude est tendance.

Domaine et influence de l'habitude. Ses dangers. — Comme l'a bien vu Aristote, l'habitude est une loi générale de la *vie* : elle s'applique à la fois aux fonctions *organiques*, et aux faits et opérations de la vie *mentale*. Les choses inanimées sont donc hors de son domaine.

Son importance est considérable dans la vie psychologique : sans elle, l'homme, pour acquérir la *science* ou la *vertu*, ou la pratique d'un *art*, serait obligé de recommencer toujours les mêmes efforts ; avec l'habitude, rien ne se perd dans la vie de l'esprit, comme rien ne se perd dans l'univers matériel. « L'habitude est une force *conservatrice* et *accumulatrice* » (Janet, *Cours*, p. 289). Par là elle est la condition et la loi de tout *progrès*, à condition que les générations humaines veillent à perpétuer le *bien* au lieu du mal, la *vérité* au lieu de l'erreur; car l'habitude, en soi indifférente, fait toujours son œuvre de conservation et d'accumulation : elle n'a de raison d'être que parce qu'elle rend possibles et plus faciles de *nouveaux efforts*. Si l'on se fie aveuglement à elle, elle devient la *routine*, funeste et mortelle parce qu'elle est la suppression de l'effort et de la vie.

CHAPITRE III

LA VOLONTÉ ET LA LIBERTÉ

I. Nature et caractères de la volonté. — La volonté est le *pouvoir de se déterminer par soi*, c'est-à-dire *d'agir librement*.

Elle a trois caractères essentiels ; elle est :

a) *réfléchie*, agir librement c'est agir en connaissance de cause ;

b) *libre*, elle choisit ;

c) *efficace*, une volonté tout intérieure, qui n'engendre pas d'actes, est une illusion.

Analyse de l'acte volontaire. — Tout acte volontaire comprend trois phases : *délibération*, *détermination* ou *résolution*, *exécution*.

a) La *délibération* comprend : α) la conception d'un ou de plusieurs *actes* possibles ;

β) la conception des *motifs* (idées) ou des *mobiles* (sentiments, désirs, etc.) relatifs aux actes ; les motifs sont la conception des *fins* à atteindre ou des *moyens* ;

γ) la *comparaison* des motifs et des mobiles ;

δ) le *jugement* sur la valeur respective des motifs, et par conséquent des actes correspondants.

La *volonté* est déjà dans la *délibération*, comme l'auxiliaire nécessaire de la pensée, en fixant l'*attention*. Si la délibération était l'œuvre exclusive de l'intelligence, l'acte ne serait pas libre, car la résolution résulterait nécessairement des motifs (déterminisme, voy. plus loin).

b) La *détermination* ou *résolution* est le propre de l'acte volontaire (à distinguer de la simple *velléité*).

c) Malgré les apparences contraires, l'*exécution* n'est pas le propre de l'acte volontaire, car elle peut être empêchée par des circonstances indépendantes de notre volonté.

II. La liberté ; ses diverses espèces. — La liberté peut être entendue dans plusieurs sens.

a) Il y a la liberté improprement appelée *physique*, ou d'action ; elle se manifeste par : α) la liberté *civile*, pouvoir de jouir des droits naturels pour les citoyens d'une même nation ;

β) la liberté *politique*, ou droits des citoyens à l'égard du gouvernement (liberté de *pensée*, liberté de la *presse*, liberté de *réunion*, liberté d'*enseignement*) ;

γ) la liberté de *conscience*, ou religieuse.

b) Ce sont là les conséquences du *libre arbitre*, pouvoir de se déterminer par soi ;

c) Liberté *morale* proprement dite ; l'homme est d'autant plus libre qu'il est affranchi de sa passion.

Preuves de la liberté, et discussion. — Trois sortes de preuves, psychologiques, morales, sociales.

1° *Consentement universel.* — Tous les hommes croient naturellement et invinciblement à la liberté, sinon théoriquement, du moins pratiquement ; point d'acte humain à travers les âges qui ne soit tenu pour responsable : dans ce sens, Cicéron a appelé l'histoire « conscientia generis humani ». — Ce n'est là, peut-être, qu'une présomption en faveur de la liberté ; mais elle est appuyée sur la seconde preuve.

2° *Preuve par la conscience.* — A tous les moments de l'acte volontaire, je sens en moi ma liberté : c'est là un *fait*, clair et immédiat, auquel se réfèrent toutes les autres preuves de la liberté.

Deux objections principales : celle de Spinosa et Bayle, celle de Stuart Mill.

a) Spinosa : L'idée de notre liberté est une illusion, résultant de l'*ignorance des causes* qui nous font agir. Bayle : la volonté est comme une girouette poussée par le vent sans qu'elle le sache, et qui croirait tourner librement.

Réponse : Quand *nous ignorons les causes* de nos actes, nous sentons qu'ils ne sont *pas libres* ; au contraire, agir en *connaissance de cause*, signifie agir *librement*.

b) Etre libre, dit Mill, ce serait choisir entre plusieurs possibles : le possible, par définition, n'est pas actuel et réel ; mais la *conscience* ne *constate* que *ce qui est*, elle ne peut donc penser le *possible* (qui n'est pas), donc nous ne sommes pas libres.

Réponse : Les possibles ne sont conçus comme tels que relativement au *pouvoir* de les accomplir (liberté). Or ce pouvoir est réel et actuel, donc la conscience peut le constater.

3° *Preuve morale.* — Toutes les *notions morales* (bien et mal, loi morale, devoir, responsabilité, mérite, sanctions) supposent la *liberté*. « Devoir, c'est pouvoir » (Kant).

4° *Preuves sociales.* — a) L'*organisation sociale* et la pénalité des lois supposent la liberté.

OBJECTION. Les déterministes et Leibniz prétendent expliquer la pénalité légale comme une *vengeance* sociale, un moyen d'*intimidation* sociale, un moyen de *correction* pour l'individu.

RÉPONSE : α) La société ne se venge pas, elle *punit* : la vengeance serait une compensation matérielle proportionnée au dommage, le châtiment est proportionné à l'intention, donc à la liberté ;

β) L'*intimidation* par l'exemple ne peut avoir d'influence qu'en s'adressant à la *volonté libre* ; car dans l'incertitude de l'efficacité déterminante de l'exemple, la répression du délit courrait le risque d'être une cruauté inutile ;

γ) Le *châtiment* ne peut améliorer l'individu qu'en faisant appel à sa *liberté*, qui maintient la prédominance du motif proposé (amélioration morale) sur les tentations de retomber dans la faute.

b) Les *promesses*, les *contrats*, les *conseils*, etc., supposent la liberté.

Les déterministes prétendent les expliquer par des motifs déterminants d'action. Une promesse faite nous pousse à l'accomplir.

RÉPONSE : α) J'ai fait *librement* la *promesse* ;

β) Je ne puis *promettre* que si je me sens *libre d'accomplir* ma promesse, quoi qu'il arrive ; sinon la promesse serait conditionnelle, ce ne serait plus une promesse.

III. Doctrines opposées à la liberté, et discussion.

— Les doctrines qui nient le libre arbitre sont le *fatalisme* et le *déterminisme* ; une autre doctrine a dénaturé, en l'exagérant, le libre arbitre, c'est celle de la *liberté d'indifférence*.

A. Fatalisme. — Il est issu d'idées religieuses mal interprétées et déformées : les actes humains, comme tous les événements de l'univers, sont subordonnés à une *puissance surnaturelle*, donc l'homme n'est pas libre.

Le fatalisme a deux formes principales : il est *panthéiste* (stoïciens, Spinosa), ou *théiste*. Ce dernier comprend la *doctrine antique* du Destin, le fatalisme *musulman*, et le fatalisme *théologique* moderne (interprétation fausse de la Providence, de la prescience).

a) Le *panthéisme*, qui confond Dieu et l'univers, est forcément *fataliste* : l'homme, faisant partie de l'univers, qui est en Dieu, ne peut avoir aucune initiative dans ses actes.

La réfutation du panthéisme sera faite en métaphysique ; il n'y a à retenir ici qu'une chose : la preuve de la liberté dans la conscience, inconciliable avec la doctrine hypothétique de l'unité de l'univers et de Dieu.

b) — α) Le fatalisme *antique* et le fatalisme *musul-*

man subordonnent les actes humains à une puissance surnaturelle, Destin ou Dieu.

Leibniz répond : si tout ce qui arrive est écrit, comme je ne peux savoir à l'avance ce qui est écrit, je ne suis nullement dispensé d'agir.

β) L'objection du fatalisme *théologique moderne* est tirée de la *prescience* divine, intimement liée à la providence de Dieu. Si l'on ne peut, dit Bossuet, concilier cette vérité avec celle de la liberté, il faut « tenir fortement les deux bouts de la chaîne, quoiqu'on ne voie pas toujours le milieu. »

OBJECTION : Il pourrait y avoir, entre ces deux affirmations séparées, une *contradiction* que nous n'apercevons pas. — La solution de saint Thomas est préférable : Il n'y a pas de prescience en Dieu ; étant en dehors du temps il connaît *éternellement* ce qui a été, ce qui est et ce qui sera (*omniscience*) : les actes humains se produisent librement dans le temps, Dieu y assiste dans l'éternité.

B. **Déterminisme ; ses diverses formes.** — Le déterminisme se distingue du fatalisme : il est issu du principe scientifique de la causalité universelle exagéré et mal interprété.

Trois arguments principaux : *a*) argument *physique et physiologique* (influence du physique sur le moral, loi mécanique de la conservation de la force) ;

b) argument *social* (statistique, loi des grands nombres) ;

c) argument *psychologique* (influence des *motifs* et du *caractère* sur la volonté). « L'intelligence est l'âme de la liberté » (Leibniz).

Discussion. a.) — α). La loi de la *conservation* de la force (ou de l'*équivalence* des forces) n'est qu'une hypothèse *a priori*, régissant un monde d'où l'on aurait exclu par définition toute liberté : *hypothèse* simplement probable, *non démontrable* absolument dans le monde physique ; d'une vérification encore plus problématique dans le monde organique, et davantage encore en psychologie (équivalence des énergies cérébrales et des faits d'ordre mental).

β) La *mécanique* prouve que, pour un *système de forces* données la résultante a une certaine indétermination ; entre *plusieurs résultantes* physiques possibles la *volonté* peut *favoriser* l'une ou l'autre.

b) La statistique démontre la *régularité* sensiblement constante de certains actes humains dans un temps donné et dans un groupe social déterminé, les conditions sociales restant les mêmes.

Mais : α) les statistiques ne sont que des *moyennes* avec de légères *différences*, dont la cause pourrait être la *liberté* individuelle ;

β) la *loi des grands nombres* a une signification *générale*, mais ne peut engager tel *individu* à part ;

γ) la *liberté* peut *modifier* les conditions sociales, et *changer* par conséquent les *statistiques* (édit sur le duel de Richelieu).

c) Les *motifs* et les *mobiles*, pour déterminer les actes volontaires, devraient avoir une existence et une valeur intrinsèques : mais c'est l'*esprit* qui les *forme*, et la *volonté y contribue* pour une part. La volonté n'est pas une *balance*, ou elle est une balance donnant elle-même à ses poids leur valeur.

Distinction du désir et de la volonté. — Le langage courant confond souvent la volonté et le désir : « je voudrais » pour « je désire », et « je désire » pour « je veux ». La distinction est nette pourtant :

a) le *désir* est une *activité imaginaire*, qui n'entraîne pas nécessairement l'acte à sa suite ; la *volonté* est au moins un *effort* pour agir ;

b) on peut *désirer* l'*irréalisable*, tandis qu'on ne peut vouloir que les choses *possibles* ;

c) le *désir* est *fatal*, la *volonté* est *libre* ;

d) il peut y avoir *plusieurs désirs* en lutte, il ne peut y avoir *qu'une résolution* volontaire ;

e) désir et volonté sont surtout différents lorsque la *volonté* s'efforce de *vaincre* les *désirs*.

C. **Liberté d'indifférence.** — Bossuet et Reid ont exagéré le *libre arbitre* en le rendant entièrement *indépendant des motifs* (liberté d'indifférence).

Réponse : α) c'est compromettre d'une autre manière la liberté : un acte sans motifs est un fait sans raison suffisante, *sans cause* ; donc il est impossible qu'il y ait égalité de motifs ou absence de motifs ;

β) l'*égalité* des motifs est purement *imaginaire* (notion mathématique) ;

γ) les actes dits indifférents sont *sans motifs* apparents, mais *non sans causes* : ils sont déterminés par des mouvements organiques, des habitudes physiologiques ; ils sont donc *les plus déterminés* de tous, non des actes libres.

Volonté et liberté

I. Analyse de l'acte volontaire
- 1° *Délibération.*
  - Conception de plusieurs actes possibles.
  - — des moyens appropriés.
  - — des motifs.
  - Comparaison des motifs.
  - Jugement sur la valeur des motifs.
- 2° *Résolution* ou *détermination*; choix libre (essence de l'acte volontaire.)
- 3° *Exécution*, peut être empêchée malgré la résolution.

II. Volonté
- distinguée de l'*instinct*
  - 1° Instinct fatal, volonté libre.
  - 2° Instinct aveugle, volonté agit après réflexion.
- — du *désir*
  - 1° Désir fatal, volonté libre.
  - 2° Lutte du désir et de la volonté.
  - 3° Domaine de la volonté : le possible ; le désir se prend souvent à l'impossible.

III. Preuves de la liberté
- 1° Evidence de conscience: objection de Spinoza et Bayle, et réponse ; — objection de S. Mill et réponse.
- 2° Notions morales, supposent la liberté.
- 3° Responsabilité et pénalités légales, supposent la liberté.
- 4° Promesses, contrats, etc.

IV. Discussion du déterminisme
- Déterminisme externe
  - 1° Influences externes (climats, santé.) Rép. Ces influences sont conciliables avec la liberté.
  - 2° Equivalence des forces, conservation de l'énergie. La volonté peut être une de ces forces, car le monde n'est pas un mécanisme rigide.
  - 3° Loi des grands nombres : n'engage pas les individus.
- Déterminisme interne
  - Les mobiles et les motifs les plus forts l'emportent. — Rép. : Ce sont ceux que notre volonté a faits les plus forts.

V. Discussion du fatalisme
- 1° Omniscience divine. — Réponse : L'omniscience divine ne change rien à nos actes libres.
- 2° Prédestination. — Réponse : Contraire à la justice et à la bonté de Dieu.

VI. Liberté d'indifférence
- 1° Absence de motifs.
- 2° Egalité des motifs.
- Rép. — Etat imaginaire. Dans les deux cas, il n'y aurait pas d'acte.

CHAPITRE IV

LE CARACTÈRE ET LA PERSONNALITÉ ; L'AUTOMATISME PSYCHOLOGIQUE

Le caractère. Rapports de la volonté et de l'habitude. — Le déterminisme oppose souvent à la liberté la nécessité d'agir selon notre *caractère* : connaissant le caractère d'un homme, on peut prévoir ses actes.

Réponse : *a)* On conçoit à tort le caractère comme formé seulement d'*éléments involontaires* ; il est « la manière d'être habituelle de l'âme », nos habitudes résultent à la fois d'influences indépendantes de nous (hérédité, éducation, milieu, exemples, race...), et de causes où la *réflexion* et la *volonté* ont leur part. Donc, en agissant selon notre caractère, nous n'obéissons qu'à nous-mêmes, en partie du moins.

b) Nous pouvons *réagir*, par l'énergie du *vouloir*, contre notre caractère.

— Objection : L'habitude fatale se substitue peu à peu à l'activité réfléchie et libre.

Réponse : Elle peut aussi bien fortifier la volonté. Il faut distinguer les habitudes de la volonté et les habitudes volontaires ;

α) les *habitudes de la volonté* peuvent être un renoncement progressif à l'action et à l'effort;

β) au contraire, les *habitudes volontaires* sont produites, puis entretenues par la volonté; et par voie de réciprocité l'habitude réagit sur la volonté et lui facilite l'effort (*perfectionnement moral*).

Conciliation du déterminisme et de la liberté. — Dans l'étude de la formation du caractère apparaît la conciliation du déterminisme et de la liberté. Les *causes indépendantes* de la volonté ont une certaine influence sur nos actes, sans toutefois supprimer la *liberté* : elles sont comme l'étoffe dont sont faites nos actions, car la volonté ne peut vouloir « à vide », et la réunion de ces deux éléments forme tous nos actes.

La volonté a donc toujours à lutter contre des difficultés et des obstacles : elle peut toujours y résister, et à mesure qu'elle a fait un effort, elle a gagné du terrain et peut pousser plus avant.

L'éducation. — Au sens large, elle est la *direction donnée au développement de nos facultés*, pour mettre l'être humain en état de réaliser le mieux possible sa destinée : il faut distinguer l'éducation *communiquée* (donnée à l'enfant), et l'éducation *personnelle*, qui dure toute la vie ; elle porte à la fois sur la sensibilité, l'intelligence, et la volonté. Au sens étroit, c'est la formation de la *volonté* et du caractère, distinguée de l'instruction, formation de l'*intelligence*.

Abus et maladies de la volonté. — Deux illusions principales font qu'on se sert mal de la volonté : agir par *caprice* (c'est-à-dire sous l'influence des désirs), agir par *obstination*, soit par inintelligence, soit par paresse, soit par orgueil.

Ce sont là, si l'on veut, des *maladies* de la volonté : mais on entend surtout par là *l'aboulie*, ou incapacité de réagir contre la suggestion d'un désir ou le vertige d'une image (*phobies*, *impulsions*). Il ne faut pas confondre l'aboulie avec les irrésolutions d'un caractère faible.

La personnalité. — Au sens le plus large du mot, l'idée de personnalité se confond avec celle du moi : personnalité externe (corps), personnalité interne (l'âme). En un sens plus spécial, lorsque la volonté domine toute la vie mentale, et en dirige énergiquement l'évolution, le caractère se nomme *personnalité* : l'homme seul a la personnalité, parce que seul il choisit, organise sa vie, et l'oriente vers un idéal préconçu ; la vraie personnalité est la « maîtrise de soi », par l'union de la raison et de la volonté, et comme un for intérieur, inviolable à autrui (1).

Altérations de la personnalité. L'automatisme psychologique. — La *cohésion* et l'*équilibre* des éléments de la vie mentale sous la direction de la volonté peuvent être *rompus* en un point, c'est ce qu'on appelle souvent d'un terme générique *maladies de la personnalité*. Il faut en distinguer deux

---

(1) Nous retrouverons en Morale, à un autre point de vue, le problème de la personnalité. Voy. *Morale appliquée*, chap. I.

formes principales : *dédoublement de la personnalité ; automatisme psychologique.*

1º **Dédoublement de la personnalité.** — Dans certains cas morbides, le moi semble se dédoubler en *deux moi*, ayant chacun une existence distincte (cas de Félida X, étudié par le Dr Azam).

Réponse : « Il y a deux choses dans le fait de conscience :

a) le *sentiment fondamental de l'existence*, ou sentiment du moi indivisible, et ne pouvant varier que par l'intensité ;

b) le *sentiment de l'individualité*, lequel est un fait complexe, qui peut varier dans ses éléments sans que le sentiment fondamental soit atteint »; (Janet, *Cours*, p. 111). — Autre chose est dire : Je suis *moi*, autre chose : Je suis *un tel* moi. Les altérations du moi n'atteignent que les phénomènes, non l'être lui-même.

2º **Automatisme psychologique.** — Les formes diverses d'automatisme psychologique s'expliquent toutes par la *loi dynamique* des images : *Toute image d'un acte à accomplir est liée à une tendance à la réalisation de cet acte* ; donc, lorsque la volonté n'est plus capable d'opposer à cette image motrice une autre image antagoniste, le mouvement s'accomplira automatiquement, mécaniquement.

a) Somnambulisme, état d'un individu qui, plongé dans un sommeil anormal, parle, marche, compose de la musique (Sonate de Tartini), etc., sans s'en rendre compte, et sans s'en souvenir plus tard : un « rêve en action » se déroule mécaniquement en lui. Ce somnambulisme *naturel* peut résulter d'une fatigue mentale intense, répétée, ou prolongée, soit émotionnelle, soit intellectuelle.

b) On appelle souvent somnambulisme *provoqué* un état analogue au somnambulisme naturel, artificiellement obtenu, et dont trois écoles différentes ont entrepris de rendre compte :

α) *Suggestion* (école de Nancy, Bernheim, Liébault, Liégeois). Un opérateur suggère à un sujet, par une injonction verbale, ou mentale et muette, l'*image d'un acte*, laquelle une fois née dans la représentation du sujet, évoque à son tour, par association, d'autres images connexes. L'état d'hypnose ainsi provoqué est non la cause, mais l'effet, de la suggestion opérée.

β) *Hypnotisme* (Braid, école de Paris, Charcot). L'hypnose résulte de *modifications physiologiques* (fixation d'objets brillants, musique...), qui engourdissent la vie organique, et par contre-coup la vie mentale, et prédisposent l'imagination à une suggestibilité docile ultérieure.

γ) *Magnétisme* (Mesmer, Crookes...) Tout organisme vivant a en lui un *fluide électro-magnétique*, susceptible d'être rayonné au dehors, et communiqué à d'autres organismes ; par une attention soutenue, et un entraînement prolongé de la volonté, un opérateur peut agir sur un sujet, et modifier à la fois son organisme et sa vie mentale.

— Quelles que soient les pratiques employées, le sujet est sous la dépendance de l'opérateur ; et comme les images se combinent dans sa représentation sans réaction volontaire de sa part, ce travail mental est bien dans tous les cas un *automatisme*. Les trois doctrines sont vraisemblablement chacune une partie de l'explication vraie à donner à ces phénomènes étranges, qui sont loin d'être exactement connus.

Rôle de la volonté. — Elle a un rôle immense :

a) Elle actionne la fonction organique de relation (mouvements volontaires) ;

b) Elle réglemente la *sensibilité* (émotions, inclinations, passions) ; par l'attention elle est l'auxiliaire de l'*intelligence* ; et d'accord avec la raison elle constitue dans l'homme la *personnalité*, faisant de lui un être à part dans la nature, savant, moral, religieux.

DEUXIÈME PARTIE

NOTIONS SOMMAIRES

D'ESTHÉTIQUE

DEUXIÈME PARTIE

NOTIONS SOMMAIRES

D'**ESTHÉTIQUE**

Définition et division. – L'esthétique est la science *du beau*, ou la *philosophie des beaux-arts*. Au sens étymologique, l'esthétique serait la science du *sentiment* (αἴσθησις, αἰσθάνομαι), parce que le sentiment est le premier état de l'âme en présence de la beauté ; mais il y a aussi un état intellectuel, et le sens du mot doit être ainsi élargi.

L'esthétique comprend deux partie : la théorie du *beau*, et la théorie de l'*art*.

CHAPITRE PREMIER

LE BEAU

I. La théorie du beau comprend elle-même deux parties : l'une *psychologique* (nature et caractère du sentiment et du jugement esthétiques) ; l'autre *métaphysique* (nature du beau en soi, objectivement).

A. Sentiment et jugement esthétiques. — Le beau produit en nous un sentiment et un jugement d'une nature spéciale :

a) le *sentiment* esthétique (admiration) est :

α) *universel* (non le même chez tous, mais tous les hommes sont susceptibles de l'éprouver) ;

β) *désintéressé* ;

γ) *social*, multiplié par le partage de notre admiration avec d'autres hommes ;

δ) *nécessaire* (Kant).

b) le *jugement* a les mêmes caractères : il consiste à affirmer la beauté de l'objet ou de l'idée.

Les *empiristes* affirment que le sentiment est antérieur à l'idée et au jugement ; les *idéalistes* que l'idée et le jugement sont antérieurs au sentiment.

Ces deux doctrines sont vraies, chacune en un sens. Le *sentiment* vient avant le *jugement*, mais il est lui-même précédé de l'*idée* du beau, spontanée et instinctive, car on ne saurait admirer ce dont on n'aurait aucune idée préalable.

B. **Nature du beau ; principales définitions. Eléments du beau.** — La partie la plus importante et la plus difficile de l'esthétique est la partie métaphysique : quelle est la nature du beau, cause objective du sentiment et du jugement esthétiques ? Il y a diverses définitions.

a) Platon : « Le beau est la *splendeur du vrai* » (1) Nous verrons plus loin les rapports du beau et du vrai, mais le beau a en lui-même une splendeur qui attire l'âme, la charme et attire en elle l'admiration : l'âme contemple le beau, dont la splendeur s'adresse surtout au sentiment.

b) La définition d'*Aristote* : « Le beau consiste dans l'*ordre et la grandeur* », se rattache à celle de Platon ; elle analyse l'idée du beau, qui resplendit pour l'âme. Cf. P. André, Cousin : « Le beau est l'*unité dans la variété* ».

c) La définition de *saint Thomas* : « Le beau est ce dont l'*idée charme l'âme* », rappelle à la fois celles de Platon et d'Aristote : connaître le beau, c'est savoir qu'il renferme les deux éléments, harmonie et puissance, mais l'idée n'est pas tout, et elle produit en nous le sentiment.

d) Kant : « Le beau est une *finalité sans fin* ». Cette formule fait ressortir surtout l'élément de l'or-

---

(1) Formule attribuée d'ailleurs inexactement, telle quelle, à Platon.

dre : la *finalité* est la convenance, l'adaptation entre les parties d'un tout harmonieux ; mais cette *harmonie* est tout intérieure, et ne se rapporte à aucune fin externe, elle est *inutile*.

e) Kant : « Le beau est ce *qui plaît universellement et sans concept.* » Le beau n'est pas l'objet d'idées abstraites ; la contemplation esthétique ne peut s'adresser qu'à des formes sensibles, qui sont comme le vêtement de l'idée. Objet de la sensibilité et de l'imagination, le beau « plaît *sans concept* » ; mais le plaisir esthétique est *universel*, parce qu'il est sous la dépendance de la raison.

f) Kant : « Le beau est l'*objet d'une satisfaction universelle, nécessaire, désintéressée* » ; on voit bien marquées par là la part de l'*imagination* et de la *sensibilité* (satisfaction), et celle de la *raison* (désintéressée, universelle, nécessaire).

g) La quatrième définition de Kant : « Le beau est ce qui *satisfait le libre jeu de l'imagination, sans être en opposition avec les lois de l'entendement* », résume tous les caractères essentiels de la beauté. Notre imagination « *joue* », car elle s'adresse aux pures formes des objets, non aux objets en tant que réels ; ce jeu est « *libre* », car en prenant seulement dans les objets les formes sensibles, sans retenir la réalité, l'âme s'affranchit du déterminisme de la nature, des lois qui régissent cette réalité ; l'entendement conserve ses droits, puisqu'il conçoit l'ordre, et que le beau est une harmonie.

Diverses sortes de beauté. — Platon distinguait la Vénus terrestre, ou beauté des *corps* : beau physique (montagne), beau sensible (cheval); et la Vénus céleste, ou beauté des *âmes :* beau intellectuel (découverte scientifique, œuvre d'art), beau moral (vertu).

Le beau distingué de l'agréable et de l'utile.
— L'*agréable* et l'*utile* (plaisir et intérêt *égoïstes*), sont *variables* et *subjectifs*, et ont pour objet la *réalité* actuelle ou possible ; le *beau* est l'objet du sentiment *non égoïste* (il est même plus vivement goûté en société), il est *universel*, et ne consiste que dans les pures *formes* des choses. Une même chose peut être agréable ou utile, et belle en même temps, mais non au même point de vue.

Comparaison du joli, du beau, du sublime.
— *a)* Le joli et le beau ont un caractère commun, l'*harmonie* ou l'*ordre*, mais il manque au joli la *puissance* ou la force.

b) On ne fait parfois de différence qu'en *degrés*, et non en nature, entre le beau et le sublime. Ils diffèrent en *nature* :

α) Le beau renferme à la fois l'harmonie ou la proportion, et la grandeur ; le *sublime* est *disproportionné*, la grandeur y est exagérée au point qu'il éveille en nous l'idée de l'*infini* (océan, hautes montagnes, ciel étoilé);

β) Le *beau* éveille en notre âme un sentiment de *calme*, d'apaisement ; le *sublime* cause un *malaise*, comme une souffrance mêlée de plaisir, car nous nous sentons faibles en face de l'infini.

Kant distingue deux sortes de sublime : sublime de grandeur ou *mathématique* (l'océan calme, la masse des montagnes...), et le sublime de puissance ou *dynamique*, où l'on doit distinguer deux cas : la puissance prodigieuse des *forces de la nature* (tempête), et la puissance *morale* chez l'*homme* (le vieil Horace).

Le beau distingué du vrai et du bien. — *a*) Platon a défini le *beau* « la splendeur du *vrai* » et Boileau a dit : « Rien n'est *beau* que le *vrai* ».

Le beau et le vrai ont des rapports, car la beauté ne peut être étrangère à l'essence des êtres ; mais il faut les distinguer :

α) Le *vrai* peut n'être *pas beau* (description de la nature vraie du crapaud) ;

β) Le *vrai* est spécialement l'objet de l'*entendement* ; le *beau* est surtout l'objet de la *sensibilité* et de l'*imagination*.

Toutefois une forme supérieure de *vérité* (grande découverte scientifique, loi très générale de la nature), peut être *belle* comme expression intense d'une harmonie puissante dans la nature.

b) — α) Le *bien* est *obligatoire*, le *beau* ne l'est pas, il est un *luxe* ;

β) Le *bien* s'adresse à la *volonté*, le *beau* à l'*imagination*.

Ils ont de commun que les divers degrés de la beauté, comme ceux du bien, se rapportent à un *idéal* (voy. plus loin) ; en outre une forme supérieure du *bien* moral (grand dévouement, grande vertu) est *belle*, et même le beau moral est la forme la plus élevée de la beauté.

CHAPITRE II

L'ART

II. Principe de l'art. Réalisme et idéalisme. Au *sens large*, un art est un *ensemble de moyens* employés pour *réaliser une fin* (art de raisonner) ; au *sens spécial*, c'est l'ensemble des moyens employés pour arriver à une *représentation* sensible du *beau* (les arts du dessin).

Deux écoles sont opposées sur la conception du principe de l'art : *réalisme*, l'art est la reproduction pure et simple de la réalité ; *idéalisme*, l'art est la conception libre et originale de l'idéal supérieur à la réalité.

A. L'art imitation (réalisme); discussion. — Certes l'art doit *imiter* la *nature*, où il puise ses *sujets* et ses éléments (sons, lignes, couleurs...) ; mais il ne doit pas viser exclusivement cette imitation.

En effet :

a) Si la réalité est *horrible, terrifiante*, etc., il ne saurait y avoir œuvre d'art ;

b) L'art *ne peut* reproduire intégralement la réalité, il n'en peut saisir que les formes extérieures, les sortant, par abstraction, du temps et de l'espace ;

c) L'artiste qui *copie* met toujours quelque chose de lui-même dans sa reproduction ; il voit la réalité à travers son *caractère personnel* ;

d) La copie ferait *double emploi* avec la réalité ;

e) Le comble de l'art serait le *trompe-l'œil*, l'*illusion*, et l'objet semblant réel n'est plus pour l'esprit l'occasion d'une activité de jeu.

B. **L'art création (idéalisme pur); discussion.** — Pour ces raisons, l'idéalisme pur prétend *constituer à part* la conception esthétique, en l'affranchissant de la *réalité*.

Prétention impossible : comment *créer* de toutes pièces une œuvre qui ne ressemble *en rien* à la *réalité ?* l'art le plus fantaisiste (et même fantastique) prend toujours comme point de départ la réalité.

C. **L'art idéalisation par interprétation. Fiction et idéal.** — L'art est donc une *interprétation* de la réalité par l'esprit, qui s'efforce de lui donner la plus grande valeur d'*expression* esthétique: il *idéalise* ainsi le réel, en y mettant plus d'*ordre*, plus d'*harmonie*, que celui-ci n'en renferme effectivement. Quand l'invention s'écarte de la réalité, la transformant au point de la rendre méconnaissable, c'est la *fiction* (Sphinx, Chimère, Pégase...) ; quand l'invention se règle sur la réalité, qu'elle conçoit plus harmonieuse, et d'expression plus intense, c'est l'*idéal*, auquel contribuent la sensibilité et la raison. (Rodrigue, Chimène, Andromaque, figures qui pourraient se rencontrer dans la réalité). — L'art est ainsi : *homo additus naturæ* (Bacon), les sentiments de l'homme ajoutés à la nature.

L'*idéal* peut être entendu en deux sens : *subjectif*, il est la conception la plus parfaite possible que l'artiste se fait d'un objet ; *objectif*, il est l'archétype de cet objet dans l'entendement divin ; l'idéal objectif est ainsi le modèle transcendant dont s'efforce de se rapprocher toujours davantage la conception de l'artiste.

L'art et les règles ; subjectivisme, impressionnisme, et discussion. — Y a-t-il des règles dans l'art ? Depuis un siècle, on l'a beaucoup contesté (romantisme, impressionnisme).

Sans doute, il est impossible d'emprisonner dans des formules invariables les formes d'un art, ni de plier au joug de ces règles l'originalité de l'artiste ; mais il y a des *règles* qui peuvent et doivent subsister, parce qu'elles correspondent aux exigences de la *nature humaine* (unité de composition, vraisemblances malgré les conventions, etc.) Les *classiques* (Boileau) ont *exagéré* la valeur de ces *règles*, mais on n'en saurait faire table rase, et on en trouve l'observation chez tous les *grands génies*.

D'autre part, c'est une grave erreur de vouloir les transformer en procédés, et de croire à leur universelle efficacité pratique ; elles guident les facultés de l'artiste, elles ne peuvent y suppléer.

Le talent, le génie, le goût. — Entre le *talent* et le *génie*, il y a une différence de degrés, non de nature : le *talent* est la *capacité de création* des facultés esthétiques, où le *travail* et l'observation des *règles* font autant que l'originalité personnelle ; le *génie* est la *puissance* de *création* esthétique *indépendamment* de tout modèle, de toute imitation.

Le *goût* est surtout le sentiment de l'ordre, de la proportion, de la convenance : il appartient plus ordinairement au talent qu'au génie (ex. : Corneille, V. Hugo), et est rarement dans le sublime qui cherche fréquemment l'énorme, le disproportionné (Dante).

Essentiel à la critique d'art, il n'est pas seulement affaire de *jugement,* et n'exclut pas le *sentiment* : « Il faut avoir de l'âme pour avoir du goût » (Vauvenargues). Quoique le goût, et par conséquent les jugements de la critique, varient selon les époques, en tant qu'il se réfère aux règles les plus générales de l'art on peut dire : « Il y a un bon et un mauvais goût » (La Bruyère).

Classification des arts. — On distingue deux groupes d'arts :

a) Les arts *plastiques* ou arts de la *vue*, qui relèvent de l'espace (sculpture, peinture, architecture) ;

b) Les arts *phonétiques* ou de l'*ouïe*, qui relèvent du temps (musique, poésie, éloquence) ;

c) — La *danse* est un art mixte.

D. Rôle de l'art; son rôle social. — C'est parce qu'il y a des éléments communs entre les diverses et variables formes de la beauté, qu'il peut avoir un rôle social :

a) D'abord, il est une espèce de *langage*, par lequel l'artiste exprime ses sentiments, ses aspirations ;

b) La satisfaction esthétique *partagée* et communiquée est par cela même *renforcée* (Guyau).

L'art et la moralité. L'art et la religion. — L'accord du *beau* et du *bien* apparaît nécessaire, si on les envisage (et on doit le faire) comme les deux formes d'expression de l'*ordre*, essentiel aux choses, et dont le fondement est dans l'*entendement divin*. Le beau, c'est l'ordre objet de la sensibilité et de l'imagination, le bien c'est l'ordre objet de la volonté ; et c'est pourquoi ils ne doivent pas être en conflit dans l'œuvre d'art. « O mon cher Socrate, la véritable vie, c'est le spectacle de l'éternelle Beauté » (Platon, *Banquet*). — Il faut remarquer encore que, historiquement, la religion a été, chez tous les peuples, à l'origine de tous les arts.

TROISIÈME PARTIE.

LOGIQUE

TROISIÈME PARTIE

LOGIQUE

Définition et division. But théorique, et but pratique. — Dans toute recherche scientifique, l'esprit applique des lois, indépendantes de l'objet de la recherche, et qu'il puise en lui-même : l'étude de ces *lois formelles* de la pensée, tel est l'objet de la logique.

Hamilton la définit : « la science des lois formelles de la pensée ; Aristote : « la science de la démonstration » ; Stuart Mill : « la science de la preuve » ; Port-Royal : « l'art de penser » ; Condillac : « l'art de raisonner ».

Elle est à la fois *science pure* et abstraite (*logica docens* des scolastiques), et *art* pratique (*logica utens*) : d'où la division en logique *pure* ou *formelle* (étude des formes pures de la pensée), et logique *appliquée* ou *méthodologie*.

Rapports et différences avec la psychologie ; raisonnement et raison. — La logique diffère de la psychologie :

a) Par l'*objet* ; elle n'étudie que les opérations intellectuelles, et leurs produits dans leur expression verbale ;

b) Par le but, qui est non la *description*, mais la *législation* de la pensée.

En outre, il ne suffit pas d'avoir appris les *règles de la logique* pour raisonner toujours juste (*ars combinatoria* de Raymond Lulle) : il faut, avant tout, une justesse naturelle de l'esprit, c'est-à-dire par la *raison* (ou plus exactement par l'entendement), faculté maîtresse de la pensée, une intuition spéciale des *principes* de toute vérité (étudiés par la psychologie) ; et seulement après, l'emploi des lois de la logique permet le développement de la pensée.

LOGIQUE

LIVRE I

LOGIQUE FORMELLE

LIVRE I

LOGIQUE FORMELLE

Objet et divisions de la logique formelle.
— La *forme* de la connaissance, ce sont les *lois* de l'esprit; la *matière,* c'est les objets, matériaux auxquels s'appliquent les lois. La logique formelle étudie les lois de la pensée en elles-mêmes (lois de l'idée, du jugement, du raisonnement).

Principe fondamental de la logique formelle. — La vérité *formelle* repose sur le *principe d'identité* et son corollaire le principe de *non-contradiction* (accord de la pensée avec elle-même, indépendamment de toute *réalité* actuelle objective ; la *possibilité* suffit); la fausseté consiste dans la contradiction de la pensée avec elle-même.

CHAPITRE I

LES IDÉES ET LES TERMES

A. Le terme et l'idée. — L'idée elle-même est l'objet de la psychologie ; la logique en étudie l'expression ou le *terme*. Il faut la distinguer du *mot*, car il peut renfermer plusieurs mots (exemple : *Tous les hommes*, terme universel).

Classification des termes. — *a)* Termes *concrets* (objets ou êtres, avec leurs qualités ; exemple : mur blanc), et *abstraits* (qualités séparées de l'objet ; exemple : blancheur) ;

b) Termes *singuliers* (Aristote), *particuliers* (quelques hommes), *généraux* et indéterminés (tous les hommes), *collectifs* et déterminés (les hommes d'un régiment) ; logiquement, le terme collectif compte comme individuel, et celui-ci comme universel ;

c) Termes *positifs* (gratitude), et *négatifs* (ingratitude) ;

d) Au point de vue de l'*extension*, termes *simples* (Européens), et *composés* (les Français, les Anglais, etc. ; c'est-à-dire tous les peuples formant, par leur réunion les Européens) ; un terme simple est un *genre* dont le terme composé correspondant indique les *espèces* ;

e) Au point de vue de la *compréhension*, termes *incomplexes* (Dieu), et termes *complexes* (« Celui qui règne dans les cieux », etc. (Bossuet);

f) Termes *clairs* (homme, singe), et *obscurs* (fluide électrique); *distincts* (anatomie de l'homme, anatomie du singe), et *confus* (anthropopithèque).

Rapports des idées entre elles et des termes entre eux. — Au point de vue de l'extension ou *dénotation*, et de la compréhension ou *connotation* (St. Mill), les idées peuvent être :

a) *Subordonnées* (espèce contenue dans un genre : *cheval* subordonné à *mammifère* dans l'extension; mais dans la compréhension *mammifère* subordonné à *cheval*). Un genre peut être espèce par rapport à une autre idée de plus grande extension (*mammifère* est genre par rapport à *cheval*, et espèce par rapport à *vertébré*);

b) Les idées *coordonnées* sont des espèces d'un même genre (*mammifère, oiseau, reptile, batracien, poisson*, sont coordonnées par rapport à *vertébré*) ;

c) Les idées *disparates* sont sans rapports, parce qu'elles appartiennent chacune à des genres différents (chien, cercle).

B. **Nature et règles de la définition.** — La vérité des idées et des termes est fixée par la *définition : c'est une proposition dont l'attribut énonce l'analyse totale de la compréhension du sujet.* C'est donc une proposition analytique et *réciproque* (la proposition renversée a le même sens).

Règles : *a*) Elle se fait par le *genre prochain* et

la *différence spécifique*. Exemple : l'homme est un *animal* (genre prochain) *raisonnable* (différence spécifique) ;

b) Elle doit convenir à *tout le défini* et au *seul* défini.

Limites de la définition. — Les idées qui ont une compréhension multiple et définie sont seules objet de définition. On ne peut définir :

a) L'idée d'*être*, qui, au point de vue de l'*extension* est genre suprême; il ne rentre dans aucun genre, et n'a pas de *compréhension;*

b) Ni l'*individu*, dont l'*extension* est nulle, et la *compréhension* illimitée.

Qualités de la définition. — Elle doit être :

a) Le plus *courte* possible ;

b) *Claire* (ne pas renfermer de termes obscurs, ni le terme à définir).

Fautes contre la définition. — a) La *tautologie* : « La lumière est le mouvement luminaire d'un corps lumineux » (citée par Pascal), ou le *cercle* : « Le plaisir est une émotion agréable » ;

b) *Obscurum per obscurius*. « La conscience est la stupéfaction de la volonté en présence d'une résolution qu'elle n'a pas voulue » (Schopenhauer) ;

c) Par *négation* : « Le plaisir esthétique est la satisfaction produite par un objet qui n'est pas utile »

d) Définitions *trop larges* : « L'homme est un être vivant » (les animaux et les plantes aussi). Définitions *trop étroites* : « L'homme est un animal qui se tisse des vêtements » (pas *tous* les hommes).

Définitions nominales, et définitions réelles ; et discussion. — Port-Royal distingue les définitions de *mots*, libres et arbitraires, et les définitions de *choses*, qui s'imposent à nous.

Réponse : *a*) La définition de mot est confondue avec la *dénomination* ;

b) La définition verbale n'est pas *arbitraire*, car employer un mot dans un sens tout arbitraire est parler pour *n'être pas compris* ;

c) On ne peut définir un *mot* sans définir en même temps l'*idée* correspondante, et réciproquement.

Toutefois, on peut maintenir la distinction pour les cas où un mot ayant *plusieurs sens*, il faut indiquer dans lequel on l'emploie ; les définitions de mots sont ainsi utiles pour éviter les malentendus, et *provisoires* (elles précèdent les définitions réelles (1).

C. **De la division.** — La division est *une proposition dans laquelle l'attribut exprime l'analyse de l'extension du sujet* : elle énumère donc les espèces d'un genre. Elle vient après la définition, et est toujours fondée sur elle ; exemple : il faut avoir défini l'idée de triangle pour en déterminer les diverses espèces. Elle complète la définition en rendant plus claire et plus distincte l'idée définie.

---

(1) Nous verrons plus loin, avec la méthode des sciences (Logique appliquée), la distinction des définitions empiriques et géométriques.

Elle doit être : *a*) *Complète* (énumérer toutes les espèces du genre) ;

b) *Exacte* (n'en indiquer aucune autre) ;

c) *Irréductible* (n'énumérer que des espèces vraiment différentes).

CHAPITRE II

LES PROPOSITIONS

Nature et éléments de la proposition. — La proposition est *l'énoncé d'un jugement*. Elle renferme deux termes, *sujet, attribut*, reliés entre eux par le *verbe* ou copule, dont le rôle est d'exprimer le *rapport* entre le sujet et l'attribut : il n'a donc qu'un rôle attributif, et n'exprime pas l'existence.

Ce rôle du verbe est double :

a) Au point de vue de l'*extension*, il exprime que l'espèce rentre dans le genre. « Les bœufs ruminent », signifie : « les bœufs sont une *espèce* du genre ruminant ».

b) Au point de vue de la *compréhension*, il marque que telle qualité convient à tel sujet. « Les bœufs ruminent », signifie : « les bœufs accomplissent la fonction de ruminer ».

Diverses sortes de propositions. — *a*) Au point de vue de la *quantité* les propositions sont *universelles* ou *particulières* ;

b) Au point de vue de la *qualité* elles sont *affirmatives* ou *négatives*.

D'où quatre sortes de propositions, symbolisées par des lettres :

Universelle affirmative, — A ;
Universelle négative, — E ;
Particulière affirmative, — I ;
Particulière négative, — O.

— L'*attribut* d'une *affirmative* est *particulier*, parce que toute proposition affirmative énonce la participation de l'idée du sujet à l'idée de l'attribut. Ex. : « Tous les hommes sont (quelques) mortels ».

— L'*attribut* d'une *négative* est *universel*, parce que toute proposition négative exclut entièrement l'idée de l'attribut de celle du sujet. Ex.: « Nul oiseau n'est (nul) quadrupède ».

Théorie d'Hamilton. Quantification du prédicat. — Selon Aristote, Port-Royal..., l'attribut d'une affirmative est particulier, et celui d'une négative universel. Hamilton remarque que toute proposition affirmative n'a pas toujours un attribut particulier, et que toute négative n'a pas toujours un attribut universel. Ex. : « Tous les hommes sont (*tous* les êtres) raisonnables ; — Il y a fagots et fagots, c'est-à-dire : quelques fagots ne sont pas *quelques* fagots ».

Il faudrait donc distinguer dans toute proposition, non seulement la quantité du sujet, mais encore celle de l'attribut (*quantification du prédicat*) ; il y aurait alors huit propositions :

Toto-totale ;
Toto-partielle ;   } *affirmatives* et autant
Parti-totale ;   }   de *négatives*.
Parti-partielle.

St. Mill objecte : l'attribut est toujours pensé en *compréhension,* non en *extension.*

Réponse : Nous avons vu (page précédente) que la copule exprime entre le sujet et l'attribut tantôt un rapport d'extension, tantôt un rapport de compréhension. La distinction d'Hamilton est donc vraie en soi.

CHAPITRE III

LE RAISONNEMENT ET SES DIVERSES FORMES

Nature du raisonnement en général. — En général le *raisonnement* ou *inférence* est le procédé par lequel *l'esprit va du connu à l'inconnu*.

Nous avons distingué en psychologie deux sortes de raisonnement : *déductif* (du général ou particulier, ou du principe aux conséquences), *inductif* (du particulier au général, ou des faits ou des lois). — La logique *formelle* ne traite que de la *déduction*, la théorie de l'*induction* comportant l'étude de la *matière* (les faits) du raisonnement, et non seulement de la forme.

Déduction immédiate et médiate. — La déduction a deux formes :

a) *Immédiate*, elle tire d'une proposition donnée, sans intermédiaire, une autre proposition, qui en est la conséquence ;

b) *Médiate*, lorsque la conclusion résulte de l'intervention nécessaire d'un *moyen terme*. La forme type de la déduction médiate est le syllogisme.

A. Déduction immédiate. Conversion et opposition des propositions — 1° **Conversion**. Convertir une proposition, c'est *par l'interversion* de ses termes, *former une nouvelle proposition qui soit la conséquence de la première*.

Règles : α) L'attribut d'une affirmative est particulier ;

β) L'attribut d'une négative est universel ;

γ) On ne doit jamais agrandir l'extension d'un terme.

On a dès lors les conversions suivantes :

a) L'universelle affirmative — A, se convertit en particulière affirmative — I ; l'attribut particulier reste en effet particulier en devenant sujet. Ex. :

« *Tous* les hommes sont mortels » se convertit en : « *Quelques* êtres mortels sont hommes ».

b) L'universelle négative — E, ayant ses deux termes universels, se convertit simplement. Ex. :

« *Nul* oiseau n'est quadrupède » devient : « *Nul* quadrupède n'est oiseau ».

c) La particulière affirmative — I, ayant ses deux termes particuliers, se convertit simplement. Ex. :

« *Quelques* cygnes sont des oiseaux blancs », devient : « *Quelques* oiseaux blancs sont des cygnes ».

d) La particulière négative — O, ne se convertit pas, car le sujet particulier ne peut devenir universel.

Par la *contraposition*, on change alors la qualité de la proposition, en reportant la négation du verbe sur l'attribut. Ex. :

« Quelques hommes *ne sont pas* heureux » ;

Contraposition : « Quelques hommes sont *non* heureux » ;

Conversion simple : « Quelques *non* heureux sont hommes ».

— Dans la théorie d'Hamilton, la conversion est toujours simple, la quantité de l'attribut étant spécifiée pour chaque proposition.

2º **Opposition**. — On appelle *opposées* des propositions *ayant même sujet et même attribut, et différant par la qualité, ou par la quantité, ou par les deux à la fois.*

a) Contradictoires, opposées à la fois en quantité et en qualité. Ex. :

« Tous les hommes sont mortels » ;

« Quelques hommes ne sont pas mortels ».

Ou bien :

« Nul homme n'est mortel »,

« Quelques hommes sont mortels ».

L'une est toujours vraie, l'autre toujours fausse.

b) Subalternes, opposées en quantité seulement. Ex. :

« Tout homme est mortel » ;

« Quelques hommes sont mortels ».

Ou bien :

« Nul homme n'est mortel » ;

« Quelques hommes ne sont pas mortels ».

Si l'universelle est vraie, la particulière l'est par cela même, mais non réciproquement.

c) Opposition en qualité seulement : *contraires* et *subcontraires* :

α) *Contraires*, toutes deux universelles, l'une affirmative, l'autre négative. Elles ne peuvent être vraies ensemble ; ex. :

« Tout animal respire » ;

« Nul animal ne respire ».

Elles peuvent être fausses à la fois ; ex. :
« Tous les oiseaux sont blancs » ;
« Nul oiseau n'est blanc ».

β) *Subcontraires*, toutes deux particulières, l'une affirmative, l'autre négative. Elles peuvent être vraies à la fois : ex. :
« Quelques oiseaux sont blancs » ;
« Quelques oiseaux ne sont pas blancs ».
Elles ne peuvent être fausses ensemble ; ex. :
« Quelques hommes ne sont pas mortels » (faux);
« Quelques hommes sont mortels « (vrai),
car la contradictoire de la particulière négative (fausse) est vraie : « Tous les hommes sont mortels », et *a fortiori* il est vrai que « Quelques hommes sont mortels » (opposition des subalternes).

Figure de l'opposition des propositions :

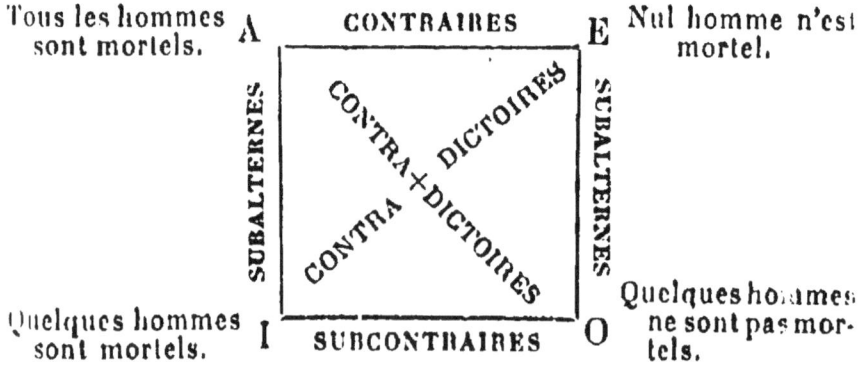

Conversion des propositions

Règles
- 1° Ne jamais agrandir la valeur d'un terme.
- 2° L'attribut d'une *affirmative* est toujours *particulier*.
- 3° L'attribut d'une *négative* est toujours *universel*.

Divers cas
- A se convertit en I ; l'attribut de A, en devenant le sujet de la proposition convertie, reste particulier.
- E se convertit en E ; sujet et attribut universels.
- I se convertit en I ; sujet et attribut particuliers.
- O ne se convertit pas ; le sujet particulier ne peut devenir attribut universel. Contraposition : changer la qualité de la proposition.

Opposition des propositions

1° Opposition en QUALITÉ
- *Contraires* (universelles) ; peuvent être fausses toutes deux, mais non vraies toutes deux.
- *Subcontraires* (particulières) ; peuvent être vraies toutes deux.

2° Opposition en QUANTITÉ
- *Subalternes*. La proposition particulière vraie ou fausse, suivant que la proposition générale est vraie ou fausse.

3° Opposition en QUALITÉ et QUANTITÉ
- *Contradictoires*. Si l'une est vraie, l'autre est nécessairement fausse, et vice versa.

CHAPITRE IV

LE SYLLOGISME

B. Déduction médiate. Syllogisme. — Le syllogisme est un *argument formé de trois propositions, et tel que les deux premières (prémisses) étant données, la troisième (conclusion) en résulte nécessairement.*

Les termes du syllogisme. Rôle du moyen terme. — Les propositions du syllogisme se composent de termes : le *grand*, le *petit*, le *moyen*, répétés chacun deux fois. Le syllogisme se propose de *découvrir un rapport* entre le grand et le petit termes (*extrêmes*) par l'intermédiaire d'un *moyen* terme, lien entre les extrêmes. Il n'y a point de règle pour l'invention du moyen terme, qui est affaire de perspicacité intellectuelle.

Exemple :

> Tout homme est mortel ;
> Tout roi est homme ;
> Tout roi est mortel.

La première prémisse (*majeure*) renferme le grand terme (*mortel*) et le moyen (*homme*); la seconde prémisse (*mineure*) renferme le petit (*roi*) et le moyen (*homme*); la *conclusion* exprime le rapport cherché entre son sujet (petit terme *roi*) et son attribut (grand terme *mortel*).

Le moyen terme sert à relier les extrêmes : *a*) au point de vue de la *contenance* ; *b*) au point de vue de la *convenance*.

a) *Contenance* : rôle extensif ou compréhensif du moyen terme.

α) Il montre comment l'*extension* du petit, P, est *contenue* dans celle du grand, G ; ou comment P est *exclu* de G (figures schématiques d'Euler). Règle : *Ce qui est affirmé ou nié du tout est affirmé ou nié de toute espèce et de tout individu compris dans le tout.*

β) Le moyen terme montre aussi comment la *compréhension* du grand terme est *contenue* dans celle du petit, ou en est *exclue*. Règle : *Ce qui est affirmé ou nié du tout est aussi affirmé ou nié de la partie.*

b) *Convenance* entre les extrêmes par l'intermédiaire du moyen (aussi au point de vue de la compréhension). Règle : *L'attribut de l'attribut est aussi attribut du sujet.*

Règles du syllogisme. — Huit règles, dont quatre pour les termes, et quatre pour les propositions.

1° *a*) *Terminus esto triplex, medius, majorque, minorque.*— Dans tout syllogisme, il faut trois termes, sans plus ;

b) *Nequaquam medium capiat conclusio fas*

est. — La conclusion ne doit pas renfermer le moyen terme, puisque son rôle est d'exprimer le rapport cherché entre le grand et le petit termes ;

c) *Aut semel aut iterum medius generaliter esto* — Le moyen doit être employé au moins une fois universellement ; s'il est deux fois particulier, le grand est comparé (dans la majeure) à une partie du moyen, et le petit (dans la mineure), à une autre partie du moyen, et il y a alors quatre termes ;

d) *Latius hos quam præmissæ conclusio non vult.* — Les termes de la conclusion ne peuvent y avoir plus d'extension que dans les prémisses : si l'on agrandit dans la conclusion l'extension des termes des prémisses, ce ne sont plus les mêmes termes ;

2° a) *Ambæ affirmantes nequeunt generare negantem.* — Deux affirmatives ne peuvent engendrer une conclusion négative : chacun des extrêmes a un rapport avec le moyen, donc ils ont un rapport entre eux ;

b) *Utraque si præmissa neget, nil inde sequetur.* — Deux négatives ne concluent pas : on ne peut affirmer ni nier un rapport entre deux termes parce qu'ils n'ont aucun rapport avec un terme moyen ;

c) *Pejorem sequitur semper conclusio partem.* — La conclusion suit toujours la plus faible partie, soit au point de vue de la qualité (*négative*), soit au point de vue de la quantité (*particulière*), sinon elle dépasserait les prémisses ;

d) *Nil sequitur geminis ex particularibus*

unquam. — Deux particulières ne concluent pas. Trois cas :

α) Toutes deux affirmatives. Les sujets seront particuliers (les propositions étant particulières), et aussi les attributs (les propositions étant affirmatives); donc le moyen terme sera deux fois particulier (Règle : *Aut semel...*);

β) Toutes deux négatives; pas de conclusion (Règle : *Utraque si præmissa...*);

γ) L'une affirmative, l'autre négative. Si la conclusion est possible, elle doit être négative (Règle : *Pejorem sequitur...*); dès lors son attribut (grand terme) est universel. Le grand terme, universel dans la conclusion, doit l'être aussi dans la majeure (Règle : *Latius hos...*); il ne peut donc y être sujet (car le sujet d'une particulière est particulier); il sera attribut, donc la majeure sera négative, et elle aura comme sujet le moyen, qui, par conséquent, sera particulier. La majeure étant négative, la mineure sera affirmative; ses deux termes seront par-

	Sujet	Attribut
Majeure Particulière *négative*	Particulier M	Particulier M ou P
Mineure Particulière *affirmative*	Particulier M ou P	Universel G
Conclusion ? *négative*	P	Universel G

(1)

ticuliers, donc le moyen, sujet ou attribut dans la mineure, sera particulier. Il sera donc deux fois particulier (Règle : *Aut semel...*).

Figures du syllogisme. — Les figures sont les diverses formes du syllogisme, d'après la place du moyen terme dans les prémisses. Il y a quatre figures :

1re figure { m T / t m }   3e figure { m T / m t }

2e figure { T m / t m }   4e figure { T m / m t. }

Sub præ, (tum) *præ præ,* (tum) *sub sub,* (denique) *præ sub.*

(*Sub* signifie *subjectum* = sujet; *præ* signifie *prædicatum* = attribut).

La conclusion n'est d'ailleurs en rien changée par les figures. Les trois premières sont d'Aristote, la quatrième est de Galien.

Modes du syllogisme. — Ce sont les diverses formes du syllogisme, d'après la qualité et la quantité des propositions qui le forment. Les quatre propositions A. E. I. O., combinées de toutes les manières possibles, donnent 64 modes, et chacun est succeptible des 4 figures : d'où $64 \times 4 = 256$. En les examinant à l'aide des règles, on en trouve seulement 19 concluants : 4 dans la première figure, 4 dans la seconde, 6 dans la troisième, et 5 dans la quatrième :

Barbara, Celarent, Darii, Ferio (*que prioris*);

Cesare, Camestres, Festino, Baroco (*secundæ*) ;
(*Tertia*) Darapti, Disamis, Datisi, Felapton ;
Bocardo, Ferison (*habet, quarta insuper addit*) ;
Bramantip, Camenes, Dimaris, Fesapo, Fresison.

Syllogismes irréguliers ou dérivés. — Outre le syllogisme, forme type de la déduction, il y a d'autres formes de déduction dérivées du syllogisme :

a) *Syllogisme hypothétique :* majeure hypothétique, conclusion affirmative ou négative, selon que la mineure est affirmative ou négative ;

b) *Syllogisme disjonctif :* majeure disjonctive, qualité de la conclusion inverse de celle de la mineure ;

c) *Dilemme*, raisonnement à la fois *hypothétique* et *disjonctif*, dans lequel de deux ou plusieurs alternatives posées on tire la même conclusion. Ex.: Le conseil de Mathan à Athalie pour faire périr Joas :

> A d'illustres parents s'il doit son origine,
> La splendeur de son rang doit hâter sa ruine ;
> Dans le vulgaire obscur si le sort l'a placé,
> Qu'importe qu'au hasard un sang vil soit versé ?

d) *Enthymème*, sentence (ἐν, θυμός) ; une des prémisses reste sous-entendue ;

e) *Epichérème* (ἐπιχειρέω, *faire effort*) : syllogisme développé, dans lequel chaque prémisse est discutée ;

f) *Sorite* (σωρός, *tas*) : introduction de plusieurs moyens termes, un seul ne suffisant pas entre les extrêmes ;

g) Polysyllogisme : assemblage de deux ou plusieurs syllogismes, tels que la conclusion du premier devienne l'une des prémisses du second, la conclusion du second l'une des prémisses du troisième, etc. ;

h) Argument ad hominem : mettre un adversaire en contradiction avec lui-même, en invoquant contre lui un de ses principes.

Valeur de la déduction et du syllogisme. — D'après St. Mill et les empiriques, la déduction n'est qu'une *tautologie* ; elle ne découvre ni ne prouve rien, et n'est qu'*un cercle vicieux*.

La *majeure*, étant universelle, doit *renfermer* le cas particulier énoncé dans la *conclusion*, qui de son côté *repose* sur la *majeure*.

Réponse : Cette *interprétation analytique* du syllogisme est fausse. La majeure n'est pas une proposition *collective*, renfermant tous les cas individuels, c'est une proposition *générale*, indéterminée ; la mineure montre comment le cas particulier sur lequel on a à conclure rentre dans la catégorie générale énoncée par la majeure. Ex.:

« Tous les hommes (en général) sont mortels ;
Or Socrate est homme ;
Donc Socrate est mortel ».

L'essentiel ici est de savoir si Socrate est homme ; le sachant, j'en conclus très évidemment qu'il est mortel. Cette *interprétation synthétique* du syllogisme est la seule possible.

Le Syllogisme

ÉLÉMENTS.
- Termes.
  - Grand terme.
  - Petit terme.
  - Moyen terme : son rôle, commune mesure entre les deux autres (*Extension* et *compréhension* ; *Contenance* et *convenance*).
- Propositions.
  - Majeure (renferme le grand terme et le moyen terme) ⎫
  - Mineure (renferme le petit terme et le moyen terme) ⎬ Prémisses.
  - Conclusion (renferme le grand terme et le petit terme).

RÈGLES.
- 4 pour les termes.
- 4 pour les propositions. } (Voy. le texte).

FIGURES.
- D'après la place du moyen terme dans les prémisses.
- 4 figures.
  - 1° Le moyen terme sujet dans la majeure, attribut dans la mineure.
  - 2° Le moyen terme attribut dans la majeure et la mineure.
  - 3° Le moyen terme sujet dans la majeure et la mineure.
  - 4° Le moyen terme attribut dans la majeure et sujet dans la mineure.

MODES.
- D'après les combinaisons des propositions du syllogisme, considérées au point de vue de leur qualité et de leur quantité.
- 64 modes.
  - 16 modes avec la majeure en A.
  - 16 modes avec la majeure en E.
  - 16 modes avec la majeure en I.
  - 16 modes avec la majeure en O.

MODES LÉGITIMES. — Des 256 modes théoriquement possibles (les 64 modes se retrouvent dans chacune des 4 figures), — 19 seulement concluants. (Voy. le texte.)

RAISONNEMENTS DÉRIVÉS DU SYLLOGISME
- *Enthymème* (ἐν θύμῳ μένειν).
- *Epichérème* (prémisses développées).
- *Sorite* (σωρός, tas).
- *Polysyllogisme* (prosyllogisme et épisyllogisme).
- *Syllogisme hypothétique*.
- *Syllogisme disjonctif*, et *Dilemme*.

LOGIQUE

LIVRE II
LOGIQUE APPLIQUÉE

LIVRE II

LOGIQUE APPLIQUÉE

Son objet. — On oppose quelquefois la logique théorique et la logique appliquée : en réalité la *logique appliquée* aussi est une *théorie*, celle des applications des lois de la pensée aux diverses sciences, ou, d'un mot, de la *méthode* ; d'où son nom de *méthodologie*.

CHAPITRE I

CLASSIFICATION ET HIÉRARCHIE DES SCIENCES. DE LA MÉTHODE EN GÉNÉRAL

1. Classifications des sciences, et discussion. — La *science*, d'abord une et *indistincte*, est devenue peu à peu *les sciences*. Le travail scientifique s'est subdivisé toujours de plus en plus, d'où la nécessité de faire de temps à autre l'inventaire des sciences, en montrant leurs différences et leurs degrés de parenté. Diverses classifications ont été proposées à différentes époques.

1° **Classification d'Aristote.** — Trois groupes de sciences (ordre chronologique inverse de l'ordre logique). Ordre logique ou d'importance scientifique :

a) Sciences de la *spéculation* ou *théorétiques* (sciences du nécessaire) :

Théologie, ou *philosophie première* ;

Physique, ou théorie de la nature, *philosophie seconde* ;

Mathématiques.

b) Sciences *pratiques*, ou sciences de l'*action* :
Politique (l'état) ;
Économique (la famille) ;
Éthique ou *morale* (l'individu).

c) Sciences de l'*art*, ou sciences *poétiques* :
Dialectique ;
Rhétorique ;
Poétique, ou théorie de l'œuvre d'art proprement dite.

— CRITIQUE. *a)* *Science positive* et *philosophie* ne sont pas distinguées ;

b) L'*art* et la *science* ont des conditions très différentes.

2° **Classification du moyen âge.** — Deux groupes :

a) *Trivium* (grammaire, dialectique, rhétorique) ;

b) Quadrivium (arithmétique, géométrie, musique, astronomie) ;

Leur réunion forme les *sept arts libéraux*.

— C'est plutôt un *programme d'études* qu'une classification des sciences.

3° **Classification de Bacon et d'Alembert.** — Trois groupes :

a) Sciences de *mémoire* ou sciences de *faits* (sciences historiques, histoire civile, histoire naturelle) ;

b) Sciences d'*imagination* (beaux arts) ;

c) Sciences de la *raison* et du *raisonnement* (science de Dieu, science de l'homme, science de la nature.

— CRITIQUE. *a)* L'esprit humain emploie toujours dans *toute science toutes ses facultés* en proportion différente ;

b) Assimilation inexacte des beaux *arts* aux *sciences*.

4° **Classification d'A. Comte.** — Elle repose sur le principe indispensable de la *dépendance* des sciences. Deux sortes de sciences, *théoriques* ou *abstraites*, *appliquées* ou *concrètes*. Les sciences théoriques sont les sciences *proprement dites* ; dans l'ordre de complexité croissante :

Mathématique ;

Astronomie, ou *Physique céleste* ;

Physique terrestre, ou proprement dite ;

Chimie ;

Biologie ;

Sociologie, ou *Physique sociale*.

— CRITIQUE. *a)* Les sciences philosophiques manquent (positivisme);

b) Il est impossible d'expliquer en remontant cette série hiérarchique des sciences, une science plus complexe par la science plus simple et plus abstraite qui la précède immédiatement.

5° **Classification de Spencer**. — *a)* Sciences *abstraites*, qui étudient les rapports indépendamment des phénomènes et des êtres réels :

Logique, étude des relations en général ;
Mathématique, étude des relations de quantité.

b) Sciences *abstraites-concrètes*, étudiant les phénomènes indépendamment des êtres :

Mécanique (mouvement en général) ;
Physique (mouvement sensible ou insensible, sans changement de mouvement moléculaire) ;
Chimie (changements de mouvement moléculaire).

c) Sciences concrètes, étudiant les êtres ;
Astronomie ;
Minéralogie ;
Météorologie ;
Géologie ;
Physiologie ;
Psychologie ;
Sociologie.

CRITIQUE. — Classification plus *compliquée* et plus *obscure* que celle d'A. Comte, sans éviter le défaut d'expliquer les sciences plus complexes par les sciences plus simples (évolution, explication du supérieur par l'inférieur).

6° **Classification d'Ampère** (1). — Comme Descartes, Ampère distingue deux ordres de réalités : les corps, les esprits.

a) Les sciences *cosmologiques* ont pour objet le monde matériel ; elles se partagent en deux sous-règnes :

α) Sciences *cosmologiques proprement dites*, ou sciences de la matière inorganique ;

β) Sciences *physiologiques*, ou sciences de la vie ;

b) Les sciences *noologiques* se partagent en deux sous-règnes :

α) Sciences *noologiques proprement dites* ;

β) Sciences *sociales*.

Chacun des deux grands groupes se divise en embranchements, ordres, familles, etc. ; la méthode de cette classification est *dichotomique* (διχῆ, en deux, τέμνω, diviser).

Dans toutes ces diverses classifications, on retrouve toujours la distinction essentielle en sciences *mathématiques, physiques, naturelles, morales*. Il faut réserver une place à part aux sciences philosophiques et morales, qui dominent toutes les autres.

(1) *Essai sur la classification des sciences*, 1834.

Classification des Sciences d'après Ampère

I. — SCIENCES COSMOLOGIQUES

- **CONCRÈTES** (Sciences physiques)
  - *Sciences physiques proprement dites* (Monde inorganique)
    - (Phénomènes) : Physique. Chimie.
    - (Êtres) : Géologie. Minéralogie. Géographie physique.
  - *Sciences naturelles* (Monde organique) : Botanique. Zoologie. Anthropologie.
- **ABSTRAITES** (Sciences mathématiques)
  - (Nombre) .... Arithmétique.
  - (Etendue) .... Géométrie.
  - (Mouvement) .... Mécanique.
  - (Quantité en général) Algèbre.
- **SCIENCE MIXTE** (Abstraite-concrète) .... Astronomie.

II. — SCIENCES NOOLOGIQUES

- **MORALES**
  - *Sciences historiques* : Histoire. Archéologie. Epigraphie. Numismatique. Géographie politique, etc.
  - *Sciences du langage* : Philologie.
  - *Sciences sociales* : Politique. Droit. Economie politique, etc.
- **PHILOSOPHIQUES**
  - *Connaissance de l'âme*
    - (Faits) : Psychologie.
    - (Lois) : Logique. Morale. Esthétique.
  - *Connaissance de l'être en soi* : Métaphysique. Théodicée.

LOGIQUE

LOGIQUE

II. Méthode en général. Analyse et synthèse.

— La méthode, en général, est *l'ensemble des procédés que l'esprit emploie pour chercher la vérité*. Toute méthode (nous verrons plus loin ses diverses espèces) comporte deux procédés : *analyse*, par laquelle l'esprit va du composé au simple ; *synthèse*, qui va du simple au composé.

Ces deux procédés ne sont pas exactement les mêmes dans les diverses sciences :

a) Dans les sciences *mathématiques* et *morales*, l'*analyse* remonte de l'énoncé d'une question complexe aux principes plus simples qui l'expliquent (méthode de *régression*); la *synthèse* descend des principes aux conséquences (méthode de *progression*);

b) Dans les sciences *physiques* et *naturelles*, l'*analyse* est une méthode de *décomposition* (chimie); la *synthèse* est une *recomposition*.

L'ordre de succession de ces deux procédés est invariable : l'esprit débute par une connaissance complexe, et son premier acte est de la décomposer par l'analyse. Mais cette première opération ne tend qu'à obtenir les éléments simples à l'aide desquels il pourra reconstituer l'objet de la connaissance première, en marquant les rapports des éléments simples entre eux, ou ceux des principes aux conséquences.

Toute science ne comporte pas analyse et synthèse : les sciences de la vie font des analyses, mais non des synthèses. Exemple : on peut analyser le sang ; on ne peut reconstruire, par la synthèse, du sang vivant.

Diverses sortes de méthodes. — De même qu'il y a deux sortes de raisonnements : inductif et déductif, il y a deux sortes de méthodes, inductive ou expérimentale, déductive ou rationnelle.

CHAPITRE II

MÉTHODE DES SCIENCES MATHÉMATIQUES

Objet et divisions des sciences mathématiques. — Ce sont les sciences de la *quantité* ou de la *grandeur*, considérée abstraitement, c'est-à-dire indépendamment des objets : c'est pourquoi on les appelle sciences *abstraites*, ou sciences *exactes* (exactes par leur *objet* qui est des constructions idéales, exactes par leur *méthode* qui démontre des rapports nécessaires).

On distingue : 1° les mathématiques *pures* :

a) *Géométrie*, science de l'*étendue* (grandeur continue) ;

b) *Arithmétique*, science du *nombre* (grandeur discontinue) ;

c) *Algèbre*, science de la quantité en général (arithmétique généralisée) ;

d) *Analyse* (relations de dépendance entre les grandeurs), comprenant elle-même :

α) La *géométrie analytique* et la *trigonométrie* ;

β) Le *calcul infinitésimal* ;

γ) La théorie des *fonctions* (dépendance d'une quantité à l'égard d'une ou de plusieurs variables) ;

2° Mathématiques *appliquées* :

a) *Mécanique rationnelle* ;
b) *Mécanique céleste* et *Sciences astronomiques* ;
c) *Physique mathématique* ;
d) *Calcul des probabilités* (statistiques, assurances).

Origine et nature des notions mathématiques. — Les conceptions mathématiques sont indépendantes de la réalité sensible ; le nombre, l'étendue, etc., sont de *pures abstractions*, et non des extraits purs et simples de l'expérience : elles sont des *constructions* tout *idéales*. Par exemple, l'*égalité mathématique* ne peut être vérifiée dans la réalité sensible (capacité de vases de même mesure) ; la définition de la *ligne droite* (le plus court chemin d'un point à un autre) n'a qu'une signification abstraite, car dans la nature la direction vraiment droite n'existe pas, et il n'y a pas de lignes, puisqu'une ligne géométrique n'a qu'une dimension, la longueur.

Mais la conception mathématique ne peut apparaître dans l'esprit qu'à l'*occasion de données sensibles*, approximations grossières, ensuite rectifiées et rendues rigoureuses par l'esprit. L'*expérience* est ainsi l'*occasion*, non la *cause*, des notions mathématiques.

Méthode mathématique ; éléments de la démonstration. — La méthode mathématique est la *démonstration, procédé par lequel l'esprit découvre des rapports nécessaires entre un principe et ses conséquences*. Elle diffère de la déduction :

a) La déduction procède toujours d'*une seule manière* (du général au particulier), la démonstration a *deux formes* (voy. plus loin), *analytique* et *synthétique*;

b) La déduction est toute *formelle*, la démonstration est impossible sans une *matière* à laquelle elle s'applique.

Les *principes* de la démonstration sont les *axiomes* et les *définitions*.

Principes de la démonstration; axiomes et définitions; postulats. — Les principes de la démonstration sont :

a) *Évidents* par soi ou indémontrables, non par impuissance de notre esprit, mais parce qu'il sont :

b) *Nécessaires*; ils n'ont pas besoin d'être démontrés, et ne peuvent l'être ;

c) Ils s'imposent donc à tous les esprits, ils sont *universels*.

Il y a deux sortes de principes : *a*) *axiomes*, synthétiques, indéterminés dans leur formule (la partie est plus petite que le tout);

b) *Définitions*, analytiques, déterminées dans leur formule (la circonférence est une ligne dont tous les points dans le même plan sont à égale distance d'un centre).

Les *postulats* (postulat d'Euclide) sont des propositions non nécessaires, non évidentes par soi, mais admises telles quelles, parce que leur énoncé est plus clair que toute démonstration tentée pour les expliquer.

Aristote appelle les axiomes *principes communs*,

les définitions *principes propres*; les axiomes sont des principes *régulateurs*, les définitions des principes *générateurs*.

Diverses sortes de démonstrations. — *a*) Démonstration *indirecte* ou *par l'absurde* : prouver la vérité d'une proposition par l'absurdité de la proposition contradictoire. Il ne faut l'employer qu'avec réserve, lorsque la démonstration directe serait trop longue ou trop difficile ; elle est du reste *inférieure* à la démonstration directe, en ce qu'elle n'est *pas explicative* : elle donne une solution, sans dire pourquoi.

b) La démonstration *directe* a deux formes :

α) Démonstration *analytique*, qui remonte des conséquences aux principes ;

β) Démonstration *synthétique*, qui descend des principes aux conséquences.

CHAPITRE III

MÉTHODE DES SCIENCES DE LA NATURE

Distinction des sciences physiques et naturelles. — *a*) Au point de vue *objectif*, c'est-à-dire des choses elles-mêmes, les sciences *physiques* étudient le monde inorganique (physique, chimie, géologie, minéralogie); les sciences *naturelles* étudient les phénomènes et les êtres du monde vivant (physiologie, botanique, zoologie) ;

b) Au point de vue *subjectif* de la *méthode*, les sciences *physiques* étudient seulement les *phénomènes*, abstraction faite des êtres (physique, chimie); les sciences *naturelles* étudient les *êtres*, inorganiques ou vivants (géologie, botanique, zoologie).

Envisagées au second point de vue, les sciences physiques ont pour but de déterminer les *lois* de *succession* (rapports de causalité) des phénomènes ; les sciences naturelles ont pour objet de déterminer les *lois de coexistence (structure* et *fonctions)* dans les êtres, et de trouver la hiérarchie de ces êtres ou leur classification.

I. Procédés de la méthode des sciences physiques. — 1° *Observation* ou constatation des faits ;

2° *Interprétation* des faits, par :

a) *L'hypothèse*, supposition d'un rapport de causalité ;

b) *L'expérimentation*, qui s'efforce de vérifier l'hypothèse ;

c) *L'induction*, qui formule la loi.

A. Nature et qualités de l'observation. — L'observation constate les faits tels quels, sans y intervenir en rien. Ses qualités sont d'être :

a) *Attentive* ;

b) *Méthodique* ;

c) *Patiente* (suffisamment prolongée) ;

d) *Pénétrante* (s'attachant aux seuls faits importants) ;

e) *Impartiale* (sans idée préconçue).

Les faits constatés sont de diverses sortes ; les principales sont :

a) Faits *éclatants* ;

b) Faits *clandestins* (une propriété qui se révèle à son degré le plus faible) ;

c) Faits *cruciaux* (tranchant le débat entre deux hypothèses) ;

d) Faits *limitrophes* (formes de transition dans la nature).

B. Nature et qualités de l'hypothèse. — Avec l'hypothèse commence l'interprétation des faits ; elle suppose connue la vérité qu'on cherche. Nécessaire à toute science, son rôle est décisif dans les sciences de la nature, comme une *idée directrice a priori* (Cl. Bernard).

Ses qualités : *a) Ne contredire aucun fait* connu ni aucune loi établie ;

b) Être *fondée* au plus près sur les faits ;

c) Être *féconde* en résultats, et provoquer d'autres hypothèses ;

d) Être le plus *simple* possible ;

e) Être *provisoire* ; elle n'est dangereuse (*Hypothèses non fingo*, Newton) que si elle se donne comme explication définitive : elle ne doit être qu'un *projet de loi* ;

f) Elle doit être *vérifiable* : vérification *directe* (expérimentation), ou *indirecte* (déduction des conséquences) ; la vérification indirecte ne peut donner qu'une très haute probabilité.

g) Même les hypothèses *fausses* sont utiles, en ce qu'elles marquent les écueils sur la route de la recherche scientifique

Hypothèse et analogie. — L'hypothèse, différente de l'analogie, a cependant des rapports avec elle.

a) Elle en diffère en ce qu'elle fraie sa route *à l'aventure* ; l'analogie est toujours fondée sur des *ressemblances* antérieurement acquises ;

b) L'hypothèse est toujours *greffée* sur une *analogie* ; elle est vérifiée ou non, mais l'analogie lui a donné naissance. Ex. : l'analogie entre les cétacés et les grands poissons a pu faire supposer que les cétacés sont des poissons.

Diverses sortes d'hypothèses. — *a)* Hypothèse *représentative*, introduit dans des faits non encore expliqués un ordre artificiel, provisoire ou symbolique (fluide électrique) ;

b) Hypothèse *explicative*, prétend rendre compte des rapports vrais (attraction) ; souvent une hypothèse représentative devient explicative (attraction) ;

c) Hypothèses *particulières* (corrélation du système nerveux et de la conscience) ;

d) Hypothèses *générales* (nébuleuse primitive, unité des forces physiques, conservation de l'énergie, transformisme).

Théories et systèmes — On appelle *théorie* une hypothèse proposée pour expliquer un *ensemble de faits* ou d'idées ; lorsque le domaine de la théorie est assez étendu, et qu'elle a pour but d'expliquer un ensemble complexe, et formant un *tout*, elle prend le nom de *système* (système scientifique de Copernic, systèmes philosophiques d'Aristote, de Leibniz, de Spencer...).

C. **Nature et rôle de l'expérimentation.** — Expérimenter, c'est *provoquer un phénomène dans différentes conditions* pour vérifier une hypothèse ; tandis qu'observer c'est constater simplement ce qui est.

L'expérimentation n'est pas toujours possible (astronomie, météorologie), d'où infériorité des sciences qui ne la comportent pas.

Formes de l'expérimentation. — Il faut *varier* l'expérience (Bacon), c'est-à-dire :

a) La *transporter* (*translatio experimenti*), par analogie avec des phénomènes non identiques (loi de Mariotte pour les vapeurs et les gaz) ;

b) Etendre l'expérience (*productio*), pour voir jusqu'à quelle intensité peut aller un phénomène ;

c) Renverser l'expérience (*inversio*), en faire la contre-épreuve ;

d) Pousser à bout l'expérience (*compulsio*) jusqu'au changement d'état d'un corps (fusion d'un métal par la chaleur).

e) Il ne faut pas négliger les hasards (*sortes*) de l'expérience.

Méthodes de Bacon et Stuart Mill pour la détermination expérimentale de la cause. — 1º Pour l'interprétation expérimentale des faits, il faut, dit Bacon, trois tables :

a) Table de *présence*, où l'on inscrit les antécédents présents en même temps que les phénomènes à expliquer ;

b) Table d'*absence* : les antécédents qui disparaissent lorsqu'on fait cesser le phénomène ;

c) Table de *degrés* ou de *comparaison* : les phénomènes qui croissent ou décroissent d'intensité en même temps que le phénomène.

Les antécédents inscrits dans les trois tables sont les causes du phénomène.

2º Stuart Mill modifie les tables de Bacon pour en faire les méthodes de *concordance*, de *différence*, de *variations concomitantes*, et il ajoute la méthode des *résidus*.

a) Méthode de concordance. Chercher l'antécédent *unique* par où concordent plusieurs faits dont on cherche la cause.

Soit à expliquer x ; dans un cas les antécédents

sont A B C, dans un autre A D E ; A est l'antécédent commun, donc il est la cause cherchée.

b) Méthode de différence. Lorsqu'un des cas où un phénomène se produit et un cas où il ne se produit pas, ont leurs circonstances identiques sauf une seule, celle-ci est la cause cherchée (contre-épreuve de la méthode de concordance).

c) Méthode des variations concomitantes. — C'est la table de degrés de Bacon. Soit x ; les antécédents qui varient en fonction des variations de x sont les causes cherchées.

d) Méthode des résidus. — Lorsqu'un phénomène est expliqué en partie seulement par des antécédents connus, la partie non expliquée ou le résidu de ce phénomène doit être expliquée par l'un des antécédents restants, à déterminer par l'une des trois autres méthodes (découverte de la planète Neptune par Le Verrier).

D. **De l'induction.** — C'est l'*opération par laquelle l'esprit s'élève de la connaissance des faits à celle des lois qui les régissent* (Lachelier) : elle généralise les résultats obtenus par l'observation, l'hypothèse, l'expérimentation combinées. Elle explique les phénomènes (*vere scire est scire per causas*) ; elle les *prévoit*, les *provoque* et les *empêche* (*natura non nisi parendo vincitur*, Bacon).

Induction vulgaire, induction scientifique. — L'induction *scientifique*, qui seule nous révèle les causes, est différente de l'induction *vulgaire*, qui découvre seulement des concomitances ou des successions constantes de faits, sans rapports de causalité. Stuart Mill oppose ainsi les *lois empiriques* aux *lois causales*, qui sont les véritables lois.

L'induction vulgaire (lois empiriques) prépare d'ailleurs parfois l'induction scientifique (lois causales); toutes deux reposent sur une même tendance de l'esprit, besoin d'*ordre* et de *généralisation*.

Fondement de l'induction. — De quel droit l'esprit s'élève-t-il ainsi du particulier au général ? Plusieurs théories sont proposées.

1° *Induction formelle* (Aristote). L'induction ne serait qu'une forme particulière du syllogisme.

Ex. : Les Français, les Italiens, les Russes, etc... ont la peau blanche ;

Or les Français, les Italiens, etc..., sont tous les Européens ;

Donc tous les Européens ont la peau blanche.

— CRITIQUE : α) Un tel procédé n'est possible que dans le cas où l'on l'on peut énumérer *toutes* les parties d'un tout (et Aristote le sait bien).

β) Il n'est pas une induction dans le cas de la détermination des lois de la nature (s'élever des faits particuliers à la loi générale) ; car l'esprit substitue ici des expressions équivalentes les unes aux autres, donc il va du même au même, non de *quelques* à *tous*.

γ) Chacune des majeures serait une induction (donc sophisme du dénombrement incomplet) ; l'expérience ne peut donner l'énumération complète de *tous* les cas.

2° *Théorie de St. Mill*. — L'esprit va d'abord du particulier au particulier (l'enfant qui s'est brûlé à une bougie) ; puis à la longue il va du particulier au général.

— Critique : α) L'expérience, forcément *finie*, reste toujours disproportionnée à l'*universel*.

β) Il n'y a pas d'inférence du particulier au particulier ; *penser ensemble* seulement deux faits auxquels on attribue des conditions communes est déjà une connaissance générale, car les caractères considérés n'appartiennent plus individuellement à l'un ou à l'autre des deux faits. L'apparente inférence d'un cas à un autre n'est qu'une simple association, ou se réduit à une induction suivie d'une déduction.

3º **Théories rationalistes de l'induction.** — Théories de Cl. Bernard, de l'école écossaise, du rationalisme moderne (Lachelier, Janet).

a) Cl. Bernard. Induire, c'est supposer une loi après l'observation, et vérifier l'hypothèse par l'expérimentation : le caractère universel de la loi est déjà virtuellement dans l'hypothèse. L'induction est « une déduction provisoire et conditionnelle changée par la vérification expérimentale en une déduction définitive ».

b) Théorie de l'école écossaise et de Cousin. Nous pouvons ainsi concevoir les lois de la nature, parce que nous avons une tendance primitive (*sens commun*) à croire qu'il y a dans la nature un *ordre constant* et uniforme.

c) Cette croyance primitive à un ordre dans l'univers, analysée, se résout en deux principes rationnels : *principe de causalité* et *principe de finalité*

(Lachelier, Janet), qu'Aristote appelait déjà principe de « l'invariabilité des essences ». Toute induction rentre dans cette formule :

« *Les mêmes causes dans les mêmes circonstances produisent les mêmes effets* ;

Or l'antécédent A est la cause de B ;

Donc A produit toujours ou tend toujours à produire B. »

Ou bien :

« Tout rapport de causalité est une loi ;

Or le rapport de A à B est un rapport de causalité ;

Donc le rapport de A à B est une loi. »

— L'induction se ramène donc au fond à la déduction : tout raisonnement suppose un *fondement a priori* dans la raison ; seulement la déduction proprement dite est le syllogisme de la *quantité*, l'induction est un syllogisme de *causalité*.

Différence de la méthode expérimentale et de l'empirisme. — Bien loin que la *méthode expérimentale* s'identifie avec l'*empirisme*, comme le disent les matérialistes, les positivistes, elle en est l'opposé.

L'empirisme conséquent avec lui-même doit se borner à la constatation des faits, et s'interdire l'hypothèse et l'induction, car ces deux procédés viennent de la *raison* (causalité constante ou ordre dans la nature). La méthode expérimentale au contraire n'est possible que par ces deux procédés, *hypothèse* et *induction*, que domine le principe de *causalité*.

CHAPITRE IV

MÉTHODE DES SCIENCES NATURELLES

II. Procédés de cette méthode. — Il y a des procédés communs aux sciences naturelles et aux sciences physiques : observation, hypothèse, expérimentation (plus précise dans les sciences physiques), analogie (plus fréquente dans les sciences naturelles) ; et des procédés propres à la méthode des sciences naturelles : *définition empirique*, et *classification*. A la classification tendent tous les autres procédés.

A. **Observation, hypothèse, expérimentation.** — Elles ont les mêmes caractères dans les deux ordres de sciences. C'est à Cl. Bernard en grande partie que l'on doit l'extension considérable de l'expérimentation aux sciences naturelles (curare, fonction glycogénique du foie, vivisections).

B. **Définition empirique.** — Chaque groupe d'êtres, dont les caractères auront été exactement et complètement décrits, donne lieu à une définition empirique ou *a posteriori*, qui fixe la conception de sa nature. Les définitions empiriques se distinguent des définitions rationnelles (mathématiques) :

a) En ce que celles-ci sont des *principes*, tandis que les définitions empiriques sont des *résultats* ;

b) Les définitions *a priori* étant des *constructions* abstraites de l'esprit, sont *immuables* (l'esprit ne pourrait les changer qu'en se contredisant) ; les définitions *a posteriori* sont *modifiables* avec les informations nouvelles de l'expérience.

C. **Analogie. Rapports de l'induction et de la déduction dans les sciences de la nature.** — L'analogie établit des *ressemblances plus ou moins importantes entre des groupes d'êtres*, et prépare ainsi la classification : c'est une « *déduction fondée sur une induction préalable* ».

L'analogie a des rapports : *a)* avec l'*induction*.

α) Elle s'en distingue en ce qu'elle établit soit des rapports entre des *objets individuels* (la Terre et Mars), soit des rapports *partiels*, tandis que l'induction conçoit toujours des rapports *généraux* ;

β) Elle va du semblable au *semblable*, l'induction porte sur des termes *identiques* ;

γ) Il y a des *degrés* dans l'analogie, il n'y en a pas dans l'induction.

b) Elle a des rapports avec la *déduction*. Supposant une loi, appliquée hypothétiquement à des cas semblables, mais plus ou moins différents, elle fraie la route à des inductions ou à des déductions ultérieures.

c) Elle ressemble aussi à l'*hypothèse*, et demande comme elle une vérification. Elle en diffère seulement en degrés : l'hypothèse est plus hasardeuse, et

LOGIQUE

a une base plus incertaine ; mais d'une part dans l'analogie il y a toujours une part d'hypothèse, et nulle hypothèse ne serait concevable sans quelque vague analogie, au moins, au point de départ.

D. Classification. Ses diverses espèces. — C'est *l'opération par laquelle l'esprit groupe des objets de connaissance*, idées, phénomènes, êtres (ici spécialement les *êtres de la nature*), *dans un ordre hiérarchique, d'après leurs ressemblances et leurs différences*. On distingue :

1º La classification **artificielle**, qui classe ses objets d'après un ou quelques caractères choisis arbitrairement parmi les plus apparents. Elle établit un *ordre provisoire*, sans valeur scientifique autre que celle d'un *répertoire* commode à consulter. Exemple : classification des plantes de Linné, fondée sur le nombre et la disposition des étamines et des pistils.

2º La classification **naturelle** cherche l'ordre même de la nature. Elle repose sur plusieurs principes :

a) Principe de l'*affinité générale* (Cuvier) : les êtres d'un même groupe doivent avoir entre eux plus de ressemblances que de différences, et se ressembler aussi plus qu'ils ne ressemblent aux êtres des autres groupes.

b) Principe de la *comparaison générale des caractères* : considérer tous les caractères naturels et essentiels (par opposition au choix arbitraire de la classification artificielle).

c) Principe de la *subordination des caractères* :

déterminer la valeur respective des caractères, et établir entre eux un *ordre hiérarchique* (caractères dominateurs et subordonnés), pour former la *série* des classifications : Règnes, embranchements, classes, ordres, familles, genres, espèces, variétés.

d) Principe de la *série naturelle* : disposer les groupes coordonnés dans le groupe qui les renferme, selon l'ordre de *perfection croissante* (ex.: poissons, batraciens, reptiles, oiseaux, mammifères, qui sont les classes de l'embranchement *vertébrés*, série ascendante), ou de *perfection décroissante* (ordre inverse, série ascendante).

— La coordination et la subordination des caractères peuvent être déterminées *expérimentalement* ou *déductivement*. Dans ce second cas, la détermination se fait à l'aide de deux lois :

a) Principe des *conditions d'existence* ou des *causes finales* (Cuvier) : « Les parties d'un être doivent être coordonnées de façon à rendre possible l'être total en lui-même et dans ses rapports avec les êtres qui l'entourent »..

b) Principe des *connexions organiques* ou du *plan de composition* (G. St-Hilaire) : « Tout être est formé d'un plan d'ensemble où les parties sont en nombre constant et semblablement placées, quelles que soient les modifications de détail selon les espèces ».

La classification naturelle correspond ou à des *espèces immuables* (Cuvier) ou à une succession généalogique de formes *modifiées par les milieux* (Darwin).

3º La classification **empirique** s'attache aux caractères extrinsèques indépendants de la nature des objets (ordre alphabétique des mots d'un dictionnaire).

4º Classification **pratique** : les objets sont classés suivant leur utilité (plantes pharmaceutiques, industrielles, etc.).

CHAPITRE V

MÉTHODE DES SCIENCES MORALES ET SOCIALES

Objet et conditions des sciences morales, distinguées des sciences naturelles. — Les sciences morales ont pour objet l'étude de l'homme en tant qu'*être intelligent et libre*.

L'existence distincte des sciences morales suppose établie la *distinction du corps et de l'âme*. Si en effet l'âme n'est pas autre chose que l'organisme (matérialisme), les sciences morales ne sont qu'une subdivision des sciences naturelles ; elles existent séparément si l'homme a la *conscience* (contre le matérialisme), la *raison* (contre l'empirisme), la *liberté* (contre le fatalisme et le déterminisme).

Caractères des lois régissant les faits moraux. — Toute certitude dans les sciences morales repose sur la *conscience*, qui seule permet d'apprécier la *qualité* et la *valeur* des faits moraux. Ils ne peuvent être appréciés objectivement, et la connaissance objective (statistique) fournit seulement des matériaux.

Les lois dans les sciences morales n'ont pas l'invariabilité des lois physiques, à cause de la liberté.

Cependant si la liberté était toujours conforme au bien, les phénomènes moraux seraient uniformes, et ne varieraient qu'en degrés.

Classification des sciences morales. — Les sciences morales peuvent étudier l'homme :

a) Tel qu'il est (psychologie, sociologie, histoire) : ce sont les sciences morales *réelles* ;

b) Tel qu'il doit être (morale, politique) : sciences *idéales*. La méthode des premières est l'*observation* et l'*induction*, la méthode des secondes est *déductive*.

A. Sciences morales réelles. — 1° **Méthode de l'histoire.** — Sciences morales réelles : psychologie, histoire, sociologie.

L'*histoire* (science des faits humains dans le temps et dans l'espace) n'est pas la *philosophie de l'histoire* (science des lois générales régissant les événements humains). La *philosophie de l'histoire* est :

a) *A posteriori* (*sociologie*, Comte, Spencer) ;

b) *A priori* (Bossuet, Herder).

— La méthode de l'histoire est spéciale : les faits humains sont connus seulement par le *témoignage*. Il diffère de l'*autorité* :

a) Par son *objet* : l'autorité a rapport aux *doctrines*, le témoignage se rapporte aux *faits* ;

b) Par son *rôle* : l'autorité engendre la *croyance*, le témoignage donne une *connaissance*.

Le rôle du témoignage, dans la vie humaine en général, est considérable : que de choses nous savons par là sans les avoir constatées nous-mêmes !

Critique du témoignage. — Il faut distinguer la critique des *faits* et la critique des *témoins*.

— Les *faits* sont plus ou moins *vraisemblables*.

— Les diverses sortes de témoignages sont :

a) Les *traditions*, se rapportant à des événements intéressant la vie d'un peuple ; elles ont plus de chances d'être exactes :

α) Si les faits sont *moins extraordinaires* ;

β) Si elles sont *peu postérieures* aux événements ;

γ) Si elles ont été conservées par des *intermédiaires peu intéressés*.

Elles peuvent toujours avoir été altérées par l'amour-propre d'une famille, d'une caste, ou d'une nation.

b) Les *monuments*, inscriptions, médailles, colonnes, arcs de triomphe, etc., doivent être *authentiques*, *clairs* et *sincères*.

c) Les *écrits* sont les sources les plus importantes de l'histoire (mémoires, annales, correspondances, etc.). Il faut rechercher leur *authenticité* d'après l'état de la langue, l'écriture, etc.

— Quant au témoin, il doit être :

α) *Bien placé* pour voir les faits ;

β) Assez *intelligent* pour les bien comprendre ;

γ) *Sincère* ; — d'un mot ni trompé ni trompeur.

Quand il y a *plusieurs témoins*, il faut non les *compter*, mais peser la *valeur* de leurs affirmations. La *concordance* de témoignages sans aucune entente probable, ni aucun intérêt commun, donne la plus haute *probabilité* des faits.

On a dit : l'histoire donne seulement la probabilité, non la certitude. Ce serait nier toute valeur du témoignage : or l'homme, lorsque son intérêt n'est pas en jeu, a une tendance naturelle à dire la vérité ; de même il a une tendance naturelle, par analogie, à la croire chez les autres (instinct de *véracité* et de *crédulité*, Reid).

2º **Méthode de la sociologie et de la philosophie de l'histoire.** — La sociologie (A. Comte, Spencer) a pour but de déterminer les lois régissant la vie sociale de l'homme : lois de *coexistence* (*statique sociale* : rapports entre la vie politique et la littérature chez un peuple à une époque donnée), lois de *succession* (*dynamique sociale* : un gouvernement despotique donne naissance à une révolution).

La *sociologie* ainsi entendue ne peut donner de résultats qu'après un long temps ; mais il y a une *philosophie de l'histoire a priori* : les événements humains ont une *direction providentielle*, les lois immuables de la morale se vérifient toujours à travers l'histoire (Bossuet, Herder...).

B. **Sciences morales idéales.** — Elles étudient l'homme tel qu'il doit être. Les principales sont : la morale, la politique, l'économie politique. Ces deux dernières reposent sur les principes *a priori* de la morale, et emploient surtout la *déduction*, mais ont besoin cependant de nombreuses informations de faits.

CHAPITRE VI

LOGIQUE CRITIQUE

LA VÉRITÉ ET L'ERREUR

La vérité et l'erreur. — Le problème de la vérité est double : objectif ou métaphysique, subjectif ou logique.

Au sens objectif : « la vérité est ce qui est » (Bossuet). C'est confondre la vérité avec la réalité qui est son objet. Nous verrons ce problème objectif en métaphysique ; ici nous n'avons à nous occuper que du problème logique : la *vérité*, c'est *ce qui est connu dans l'esprit avec certitude*, c'est (au sens matériel, et non plus seulement formel) l'*accord de la pensée avec son objet*. L'erreur est le désaccord de la pensée avec son objet.

I. *La vérité et la certitude*

Certitude, ignorance, doute, opinion, probabilité. — La *certitude* est la ferme adhésion de l'esprit à la vérité. L'*ignorance* est l'absence de toute connaissance. Le *doute* est la suspension du jugement en attendant la vérité (différence avec le doute sceptique définitif, et le doute méthodique de Descartes). L'*opinion* est une affirmation non absolument certaine, qui dépend en partie du caractère, de l'éducation, des habitudes d'esprit, etc. (opinions politiques).

La *probabilité* est un jugement où les raisons d'affirmer et celles de nier sont en proportion variable, d'où bien des degrés dans la probabilité. Il faut distinguer la probabilité *mathématique* qui s'énonce par une fraction, et la probabilité *morale* qui ne peut être représentée mathématiquement.

Diverses sortes de certitudes. — A. Au point de vue de l'*origine* : a) *spontanée* (plaisir ressenti), *réfléchie* (raisonnement scientifique);

b) *Intuitive* (notions rationnelles), *discursive* (raisonnement).

B. Au point de vue de l'*objet* : a) certitude de *fait*, distinguée en perception externe, et conscience spontanée ;

b) Certitude de *raison* (notions premières) ;

b) Certitude de *raisonnement* (sciences mathématiques, physiques, naturelles, historiques et sociales) ;

d) Certitude *morale* (bien, devoir, droit) (1), et *métaphysique* (le moi, l'être, Dieu), où le sentiment

---

(1) On appelle aussi *certitude morale* celle qui résulte du *témoignage*; ce n'est qu'un cas particulier de la certitude scientifique ou de raisonnement.

et la volonté peuvent et doivent intervenir comme auxiliaires de la raison pure et pratique. « Il faut aller à la vérité avec l'âme tout entière » (Platon).

Criterium de la certitude. Différents critères proposés, et discussion. — Le criterium (κρίνω, *juger*), est le signe auquel on reconnaît la présence d'une chose, ici de la certitude. On en a proposé de diverses sortes, qu'on peut classer en : critères *impersonnels*, autorité, consentement universel, véracité divine ; critères *personnels* : expérience, principe de non-contradiction, principe de raison suffisante, sens commun, évidence.

A. Critères *impersonnels* : *a) Autorité* (moyen âge).

CRITIQUE : α) Les autorités les plus compétentes peuvent *se tromper* ;

β) Les grands penseurs se sont servis d'un criterium personnel, car ils *ont affirmé par eux-mêmes* ;

γ) Pour s'incliner devant une autorité, il faut la *juger compétente*, donc avoir une opinion à soi ;

δ) Ce serait la *négation de tout progrès*.

Bacon et Pascal ont réfuté cette doctrine.

b) Consentement universel (école traditionnaliste) :

CRITIQUE : α) *Impossible* à constater *en fait* (sophisme du dénombrement imparfait) ;

β) Pour avoir le consentement universel, il faudrait attendre jusqu'au *dernier homme* ; et jusque-là, comment juger ?

γ) Même complet, le consentement universel pourrait *se tromper ;*

d) Le consentement universel, même possible, ne serait qu'un total ; or, si chacun est incapable de vérité, comment le *total* serait-il *vrai* ?

c) *Véracité divine.* Dieu étant la source de tout être et de toute vérité, celle-ci n'existe que dans et par la *pensée divine*.

CRITIQUE. — Ce n'est pas un critérium : il faut que nous ayons l'idée de Dieu et de ses attributs (certitude rationnelle métaphysique) pour être assuré de sa véracité.

B. Critères *personnels :* *a*) *L'expérience.* Au sens vulgaire, l'expérience est l'habitude : elle ne prouve rien, car l'habitude est aussi bien de l'erreur que de la vérité. Plus précisément, l'expérience est l'ensemble des observations sensibles.

CRITIQUE : α) L'expérience ne donne que la *matière* de la connaissance, non la *forme* (entendement) qui sert à l'interpréter ;

β) Elle ne serait qu'un critère *partiel*, car elle ne donne qu'une certaine espèce de connaissances.

b) *Principe de la non-contradiction.* Ce qui est contradictoire est faux, ce qui ne l'est pas est vrai.

CRITIQUE : α) Il serait en tout cas critère partiel (purement en logique abstraite) ;

β) La non-contradiction est une conséquence de la vérité évidente.

c) *Principe de raison suffisante.* Ce qui a sa raison d'être est vrai.

CRITIQUE. — Ce n'est pas un critérium, car c'est une conception toute formelle ; il faut déjà que j'aie l'idée claire et distincte d'une chose pour en chercher la raison d'être.

d) Le sens commun Il peut être entendu ou comme le consentement universel, ou comme un ensemble de croyances naturelles, et identiques en chacun. A ce second point de vue, le sens commun ou bon sens (Descartes) est la *raison spontanée*; même ainsi, il n'est pas criterium, car la réflexion seule nous montre sa légitimité.

e) Évidence. Criterium cartésien. On la définit trop par des métaphores (éclat de la lumière qui frappe la vue); on peut la définir plus exactement : le *caractère attribué aux objets connus clairement et distinctement* (Descartes) : les idées simples, claires et distinctes par soi, s'imposent à l'esprit (*verum index sui*, Spinosa).

— On peut distinguer : *a)* L'évidence *immédiate* (sens, conscience, raison);

b) L'évidence *médiate* (interprétation par le raisonnement); toutes deux égales en valeur, l'évidence médiate dépendant de l'évidence immédiate rationnelle. Elles correspondent respectivement à la certitude *intuitive* et à la certitude *discursive*.

Autre distinction : *a)* Évidence *sensible*, subordonnée au principe d'identité ;

b) Évidence de *conscience* : α) *spontanée* (principe d'identité, distinction des phénomènes) ;

β) *réfléchie* (notions de substance, de cause, etc.; pour la nature du moi);

c) Évidence *rationnelle* (notions premières) ;

d) Évidence de *raisonnement* : α) induction (principe de causalité) ; β) déduction (principe d'identité et de non-contradiction) ;

e) Évidence de l'*entendement* : principes *a priori* clairs et distincts.

Rapports de la certitude et de l'évidence. Vérité et réalité. — Lorsque l'esprit est certain, et qu'il donne aux choses qu'il connaît le caractère de l'évidence, il possède la *vérité* (conformité de la pensée avec son objet, donc rapport entre la pensée et l'objet); la *réalité* existe en soi, elle est ce qu'elle est, connue ou non ; elle ne devient évidente que pour la pensée qui la connaît avec certitude. L'évidence n'est donc point dans les choses : elle correspond à la certitude dans l'esprit, elle est le caractère que l'esprit attribue aux choses, lorsqu'il connaît avec certitude.

II. *L'erreur et les sophismes*

Définition et nature de l'erreur. — L'erreur est ici non plus l'erreur formelle (désaccord de la pensée avec elle-même), mais à la fois formelle et matérielle (désaccord de la pensée avec son objet).

L'erreur n'est pas dans l'*idée* (idées fausses ou illusions : erreurs des sens, de l'imagination, de la mémoire, de la conscience, de l'abstraction, de la généralisation), car une idée n'affirmant rien, n'est ni vraie ni fausse ; ni dans le *jugement* en lui-même (préjugés) : un jugement n'est faux que s'il résulte d'un faux *raisonnement* ou sophisme. Donc, l'erreur réside seulement dans le raisonnement (Janet).

Causes de l'erreur. — Pour Descartes, l'erreur résulte de l'imperfection de l'intelligence et de la précipitation de la volonté : la *volonté* affirme en dépassant impatiemment les informations limitées de l'*intelligence*.

CRITIQUE. — Le jugement n'est pas l'œuvre de la *volonté* : elle le prépare, mais c'est l'*intelligence* qui juge. On peut conserver comme cadre d'une classification des causes de l'erreur, la distinction de Descartes : causes *morales*, causes *logiques*.

1° Les causes *morales* sont : *a*) Absence ou insuffisance d'*attention* ; l'esprit se désintéresse de la vérité ;

b) *Vanité* et *orgueil* : nous affirmons au hasard, pour paraître plus avisés, plus instruits, plus intelligents ;

c) Aveuglement de l'esprit par la *passion* et l'*imagination* ; sympathies ou antipathies, partis pris ; ou bien une passion telle ou telle absorbe l'activité de notre être, et nous rend indifférents à la vérité.

2° Causes *logiques*, *négatives* ou *positives* :

a) *L'ignorance* est cause négative de l'erreur : l'esprit se trompe souvent parce qu'il ignore partiellement. Il ne faut pas définir l'erreur « une double ignorance » (Socrate), c'est-à-dire une ignorance qui s'ignore ; elle est un mélange de connaissance et d'ignorance ;

b) La cause positive de l'erreur est dans le mauvais usage du *raisonnement*.

Classification des sophismes. — 1º Bacon compare les erreurs à des *idoles* ;

a) *Idola tribus* (erreurs de l'espèce) : l'esprit humain a une nature bornée et limitée, il est sans cesse exposé à l'erreur (*errare humanum est*) ;

b) *Idola specus* (erreurs individuelles) : chacun est enfermé dans son esprit, comme des prisonniers dans une caverne d'où ils ne peuvent voir la réalité ;

c) *Idola fori* (erreurs du langage) : métaphores, équivoques ;

d) *Idola theatri* (erreurs d'amour-propre), chez les savants ou les philosophes, qui jouent souvent un rôle en défendant leurs doctrines ;

2º **Classification de Malebranche.** — Cinq groupes d'erreurs : a) Des *sens* ;

b) De l'*imagination* ;

c) De l'*entendement* ;

d) Des *inclinations* ;

e) Des *passions*.

3º **Classification de Port-Royal.** — a) Sophismes d'*intérêt*, d'*amour-propre*, et de *passion*, correspondant aux causes morales d'erreurs ;

b) Sophismes naissant des *objets* mêmes. — Critique : Désignation vague.

4º **Classification de St. Mill.** — A. Sophismes de *simple inspection*.

Critique. — Ils se ramènent (exemple : erreurs des sens) à des inférences ou raisonnements ; ils paraissent « de simple inspection » parce qu'ils sont habituels.

B. Sophismes d'*inférence* ou de *raisonnement*,

distingués en sophismes par *preuve indistincte* ou de *confusion*, et sophismes par *preuve distincte*.

CRITIQUE. — Les sophismes de confusion rentrent dans les sophismes par preuve distincte, car quelle limite nette entre la preuve distincte et la preuve indistincte ?

5° D'où la classification la plus simple et la plus naturelle, qui est celle des sophismes par preuve distincte dans Stuart Mill : sophismes *inductifs* et *déductifs*.

A. *Sophismes d'induction* : a) *Dénombrement imparfait*, ou *sophisme de l'accident* : généraliser trop vite (*a dicto secumdum quid ad dictum simpilciter*). Exemple : tel médecin a guéri un malade, donc c'est un bon médecin.

b) *Ignorance de la cause*, ou *confusion sur la cause* (*non causa pro causa*; ou *post hoc, ergo propter hoc*). Exemple : superstitions populaires (influence de la lune rousse).

c) *Fausse analogie* : conclure de quelques ressemblances partielles à une ressemblance totale (cétacés confondus avec les poissons).

B. *Sophismes déductifs*. On distingue les sophismes *formels* et les sophismes *matériels*.

1° Les sophismes *formels* sont :

a) Les fausses *conversions* ;

b) Les fausses *oppositions* ;

c) Les *syllogismes* faits contrairement aux règles.

2° Les sophismes *matériels* sont :

a) *Ignorance de la question* : changer la question, intentionnellement ou non, « parler d'autre chose » ;

b) *Pétition de principe*, ou *tautologie* : prendre pour principe ce qui est à démontrer (exemple : l'opium fait dormir parce qu'il a une vertu dormitive).

c) *Cercle vicieux*, redoublement de la pétition de principe : prouver deux affirmations l'une par l'autre. Ex. : Malebranche prouve la réalité du monde extérieur par la révélation, laquelle suppose l'existence des livres qui la contiennent, et qui font partie du monde extérieur ;

d) *Sophisme de l'accident déductif*, ou *dénombrement imparfait déductif* : d'un principe vrai en général déduire une conséquence fausse dans un cas particulier. Ex. : les soldats en général ont des manières rudes, donc tel homme qui est soldat doit avoir des manières rudes.

e) *Ambiguïté des termes, équivoque, amphibologie.* — (Ex. : les liqueurs fortes fortifient ; un député représente ses électeurs, donc il doit s'occuper de toutes les affaires de chacun individuellement). L'amphibologie est plutôt une ambiguïté de construction grammaticale, ambiguïté des propositions, au lieu de celle des termes. A ce groupe de sophismes appartient le *passage du sens divisé au sens composé*, et réciproquement ; ex.: telle dépense (toute seule) ne me ruinera pas, ni telle autre, ni telle autre, donc toutes ensemble ne me ruineront pas.

Remèdes de l'erreur. — a) Se défier de la

fausse évidence, et pour cela faire un usage raisonnable du doute méthodique ;

b) Se tenir en garde contre l'*autorité*, le *consentement universel*, etc. ;

c) Faire toujours tous ses *efforts* pour savoir le plus possible, faire *attention* ;

d) Veiller sur toutes les *causes morales* d'erreur (imagination, passions).

Il est impossible d'éviter toujours absolument l'erreur, mais on peut toujours la restreindre de plus en plus.

Classification des sophismes

- I. (Bacon)
  - Idola tribus.
  - — specus.
  - — fori.
  - — theatri.

- II. (Malebranche)
  - Erreurs des sens.
  - — de l'imagination.
  - — de l'entendement.
  - — des inclinations.
  - — des passions.

- III. (Port-Royal)
  - Sophismes d'intérêt.
  - — naissant des objets mêmes.

- IV. (Stuart-Mill)
  - A. *Erreurs par preuves indistinctes.* — Insuffisance du raisonnement.
  - B. *Erreurs par preuves distinctes*
    - Erreurs déductives
      - Syllogisme péchant contre les règles.
      - Ignorance de la question.
      - Pétition de principe.
      - Cercle vicieux.
      - Ambiguïté des termes.
    - Erreurs inductives
      - Non causa pro causa (post hoc, ergo propter hoc).
      - Ab dicto secundum quid ad dictum simpliciter.
      - Fausse analogie.
    - Erreur mixte. — Dénombrement imparfait.

QUATRIÈME PARTIE

MORALE

QUATRIÈME PARTIE

MORALE

PRÉLIMINAIRES

Objet et divisions. — La morale est la « science du *bien* » comme loi de la volonté ; et comme la volonté a le devoir de tendre au bien, la morale est aussi la « science du *devoir* ». La morale *théorique* étudie le devoir en général, la morale *appliquée* étudie les diverses sortes de devoirs.

Ordre des questions. — Il semble plus facile à première vue d'étudier d'*abord* les différents *devoirs spéciaux*, pour s'élever *ensuite* à la conception du *devoir en général* (Janet).

Mais pour savoir qu'un acte est un devoir, il faut s'assurer qu'il remplit les conditions de tout devoir ; il faut donc *préalablement* savoir ce qu'est le *devoir en général*. D'où la nécessité de la morale théorique avant la morale appliquée.

Méthode en morale. — Si l'on commençait par

l'étude des *faits* (morales empiriques), la méthode serait *inductive* ; mais si l'on doit déterminer d'abord les *idées* du bien et du devoir en général, la méthode doit être *déductive*. Les notions morales en effet sont *a priori* dans l'ordre pratique, comme les notions premières de la raison pure le sont dans l'ordre de la connaissance.

Rapports de la morale et de la psychologie. — L'étude de la *psychologie* est nécessaire *avant* celle de la *morale*, comme elle l'est avant l'étude de la logique : il faut en effet décrire la nature humaine avant d'en rechercher les lois

a) L'étude de la *sensibilité* fera comprendre en morale *théorique* que le plaisir et l'intérêt ne peuvent être principes de la conduite, et donnera en morale *pratique* les moyens de combattre les passions ;

b) L'étude de l'*intelligence* montrera les caractères *a priori*, universel, obligatoire, c.-à-d. l'origine *rationnelle*, des notions morales ;

c) Enfin il ne peut y avoir de morale sans une théorie préalable de la *liberté* (devoir, droit, responsabilité).

Rapports de la morale et de la théodicée. — La morale et la théodicée ne sont pas moins étroitement liées : la *loi morale*, comme les lois physiques ou civiles, à une *cause* qui est *Dieu* ; les *sanctions* sont appliquées par le *législateur* moral qui est souveraine justice et souveraine puissance.

Caractère à la fois théorique et pratique de la morale. — La morale, science spéculative, comme toute science, a-t-elle aussi une utilité pratique ?

a) Socrate et Platon disent : « la vertu est une *science* ».

RÉPONSE : α) La moralité ne s'apprend pas comme la géométrie ; elle ne se compose pas seulement d'*idées*, mais aussi de *sentiment* et de *volonté*.

β) Il y a une *moralité instinctive*, antérieure à toute science morale.

b) D'où la théorie opposée de Pascal : « La *vraie morale* (*pratique* du bien) se moque de la morale (*théorique*) ».

Pascal a raison contre Platon sur les deux points que nous venons d'indiquer ; mais l'étude de la morale est pratiquement utile (sinon nécessaire) :

α) Pour *penser plus souvent* au bien ;

β) Pour nous rendre compte, par la *réflexion*, de ses caractères ;

γ) Pour comparer, par la *discussion*, les diverses conceptions du bien ;

δ) Certains *conflits de devoirs* ne peuvent être résolus que par une connaissance réfléchie des principes de la morale et de leurs conséquences.

MORALE

LIVRE I

MORALE THÉORIQUE

LIVRE I

MORALE THÉORIQUE

CHAPITRE I

LA CONSCIENCE MORALE

Problèmes de la morale spéculative. — Il y a quatre grands problèmes de morale théorique :
1º Nature et autorité de la *conscience morale* ;
2º Diverses conceptions sur le contenu de l'*idée du bien* ;
3º Théorie du *devoir* et de la *loi* morale ;
4º *Responsabilité, vertu, sanctions.*

Conscience morale et conscience psychologique. — La conscience morale est la *faculté de juger le bien et le mal.* — Comme la conscience psychologique, elle est une connaissance intérieure; mais la conscience psychologique :

a) A un *domaine* plus *étendu* que la conscience morale ;

b) Constate les faits en nous, la conscience morale les *juge* ;

c) La conscience psychologique *spontanée* nous est commune avec l'animal ; la conscience morale toujours *réfléchie*, est propre à l'homme.

Eléments de la conscience morale : sentiments, jugements.

1° Les *sentiments* moraux sont :

a) Avant l'action : l'amour du bien, l'honneur ; ou la haine, l'horreur, l'indignation contre le mal ; tous ces sentiments se ramènent au *respect* ou en dépendent (Kant) ;

b) Après l'action : la satisfaction ou le remords, le repentir, la honte, si c'est moi qui agis ; l'estime ou l'admiration, ou le mépris et l'indignation, si je suis spectateur d'actions accomplies par autrui.

2° *Jugements* de la conscience morale :

a) Avant l'action, nous la jugeons bonne ou mauvaise ; ce jugement renferme deux notions, *bien en soi* ou idéal moral, devoir ou obligation ;

b) Après l'action, nous jugeons que nous avons bien ou mal agi ; le jugement implique deux notions, *bien moral* ou conformité de notre conduite à la loi, *responsabilité* avec ses conséquences, mérite, démérite, vertu, vice.

Les *sentiments* sont *antérieurs* au jugement ; mais ils supposent *avant* eux les idées du *bien*, de la *loi morale*, au moins à l'état latent tout d'abord : en analysant les sentiments moraux, on trouve les notions morales qui les conditionnent, et les jugements résultant de cette analyse sont ainsi postérieurs aux sentiments.

Nature et origine de la conscience morale. — 1° **Théories empiriques.** — L'empirisme explique l'origine de la conscience morale par l'expérience, l'association, l'habitude, et l'hérédité. Les diverses formes de cette explication empirique se rapportent à l'éducation, la législation positive, et l'évolution.

A. Les notions du bien et du mal résultent de *l'éducation*.

Réponse : *a)* L'éducation *se règle* sur les notions du *bien* et du *mal*; elle les *développe*, mais ne les crée pas ;

b) Ou bien elle repose sur l'idée de l'*utile*, et est *sans autorité*, car elle peut donner des conseils, non des ordres.

B. Même discussion de la théorie qui dérive les idées morales de la *législation* :

a) Celle-ci *se fonde* sur les idées du *bien* et du *mal*, et toute réforme dans les législations s'inspire de ces notions ;

b) La notion de l'*utile* ne pourrait engendrer des lois impératives, mais tout au plus des règlements de police.

C. Théorie de l'*évolution* : à l'origine la notion de l'utile ; puis l'intérêt devenant de plus en plus général, prend de plus en plus l'aspect d'un commandement absolu. Preuve : diversité des idées de bien et de mal dans l'espace et dans le temps :

« chez les peuples sauvages moralité nulle ; chez les peuples civilisés moralité contradictoire ».

Réponse : *a*) Les peuples sauvages ont une *moralité* ; ils ont des coutumes sanguinaires, mais aussi certaines vertus, pitié, charité (Livingstone) ;

b) Les peuples civilisés n'ont pas tous même morale (*Vérité en deçà des Pyrénées, erreur au delà*, ...Pascal); mais il faut distinguer la *forme* et la *matière* de la moralité : forme universelle, matière différente selon la civilisation, les conditions d'organisation sociale, et aussi selon les passions.

2° **Origine « a priori » de la conscience morale.** — La théorie *a priori* a deux formes : *sens moral, raison*.

A. La conscience morale est un *instinct* primitif et spontané (école Ecossaise).

Réponse. — C'est vrai chez l'enfant ; mais chez l'adulte la conscience morale est plus et autre chose, elle est réflexion et raison, car c'est un besoin pour la nature humaine de se rendre compte.

B. Donc la conscience morale est de nature rationnelle. Kant : il y a en nous deux raisons, *spéculative* (principes de la pensée), *pratique* (principes de l'action).

Réponse. — Il n'y a pas en nous deux raisons : les principes de la pensée et ceux de l'action ont mêmes caractères (universalité, nécessité, autorité absolue); ils viennent donc d'*une seule raison*. Mais la raison ne constitue pas seule la conscience morale : le *sentiment* est son auxiliaire, et la *volonté* contribue à maintenir l'autorité des notions morales.

Valeur de la conscience morale. — La conscience morale n'a *aucune valeur* absolue pour l'*empirisme*, puisqu'elle change selon les temps, les lieux, les personnes. Au contraire, la conscience morale ramenée à la *raison* a une *autorité* absolue et infaillible : sans doute ses jugements *varient* (on distingue la conscience *droite, ignorante, erronée, douteuse, probable*), mais tous ont un fond commun.

CHAPITRE II

DIVERSES THÉORIES SUR L'IDÉE DU BIEN

Les mobiles de la conduite, et les fins de la vie humaine. — Nos actes obéissent ou à l'égoïsme (*plaisir*, *intérêt*), ou au *sentiment moral*, ou à l'idée du *devoir*. Ces trois motifs d'action ne s'excluent pas toujours; mais toujours le devoir doit dominer les deux autres; nous verrons pourquoi, en les examinant successivement.

I. Morales empiriques. — Elles se partagent en doctrines *utilitaires* et *sentimentales*.

A. Morales utilitaires. — L'utilitarisme a deux formes, morale du *plaisir*, morale de l'*intérêt*.

1º Hédonisme. — Il ne faut laisser échapper aucune occasion de jouir d'un plaisir, quel qu'il soit (Aristippe, école Cyrénaïque).

Réponse: *a*) Cette doctrine supprime toute *science* de la morale, et tout *art* de vivre : à quoi bon une théorie, là où l'instinct suffit?

b) Elle *exclut* des *faits* moraux qui pourtant sont dans la conscience (obligation, responsabilité, remords, mérite, vertu.., etc.), et qu'elle ne peut expliquer;

c) Le plaisir n'est pas *universel*;

d) Ni *obligatoire*;

e) S'il était la fin de l'homme, il faudrait toujours en rechercher la plus grande somme possible; or, quel qu'il soit, il *blase* et *fatigue* vite;

f) Donc il n'est pas une fin, mais un *moyen*, un stimulant à l'activité, que la raison doit interpréter et guider;

g) Le plaisir n'est pas la fin de l'homme, car il est invariablement *lié à la douleur*.

2° **Morales de l'intérêt**. — La morale de l'intérêt cherche aussi le bonheur, mais autrement : il est parfois de notre intérêt d'exclure le plaisir, et d'accepter la douleur; c'est affaire de calcul, pour chercher *la plus grande somme possible de bonheur*.

Il y en a deux formes :

— *Utilitarisme simple* (Épicure, Bentham).

a) Épicure distingue deux sortes de plaisirs : *stable* ou calme (καταστηματική), *en mouvement* ou violent (ἐν κινήσει) : il faut rechercher les premiers de préférence aux seconds; ils consistent dans l'absence de la douleur et dans la modération des désirs;

b) Utilitarisme à la fois *individuel et général* (*Bentham*). Bentham s'efforce surtout de concilier l'intérêt individuel et l'intérêt général. L'*arithmétique des plaisirs* calcule la plus grande somme possible de bonheur, en considérant dans les *plaisirs* l'*intensité*, la *durée*, la *clarté*, la *pureté*, la *proximité*, la *généralité*, la *fécondité*.

— *Utilitarisme rectifié* (*Stuart Mill*). — Mill

ajoute à la *quantité* du plaisir la *qualité*. Il y a des plaisirs élevés ou nobles, et des plaisirs bas (« mieux vaut être un Socrate mécontent qu'un pourceau satisfait »), et il faut mettre la qualité au-dessus de la quantité ; l'intérêt individuel et l'intérêt général doivent se concilier.

Discussion de l'utilitarisme. — *a)* L'intérêt n'est pas *universel* : tous ne peuvent le rechercher, et les formes en sont infiniment variées ;

b) Il n'est pas *obligatoire* : il peut nous attirer, non nous obliger ;

c) Le *calcul* de l'intérêt est souvent *difficile*, toujours *incertain*, les résultats peuvent ne pas dépendre de nous ;

d) Aussi l'intérêt problématique et souvent imaginaire tend à *revenir au plaisir*, satisfaction réelle et actuelle ;

e) Pour *l'intérêt général* spécialement, son *calcul* est encore *plus difficile* que celui de l'intérêt individuel ;

f) Le calcul de l'intérêt demanderait toujours du temps ; or, très souvent l'action doit être *immédiate* ;

g) La *conciliation* de l'intérêt individuel et de l'intérêt général est *chimérique* : « chacun pour soi ». Dès lors l'intérêt général n'est à considérer que s'il est utile à l'intérêt individuel ; mais combien de cas où le conflit est manifeste !

h) Quant à la *qualité* des plaisirs, sur quel *principe* se fonder? Dans une morale du devoir, il y a des plaisirs nobles et des plaisirs bas, mais comment l'expérience seule trouverait-elle la règle d'appréciation ? Choisir suppose qu'on a fait l'expérience de *tous* les plaisirs ; doctrine dangereuse, et d'ailleurs en dehors d'un idéal moral absolu un tel choix est impossible.

B. **Morales sentimentales**. — Les doctrines sentimentales aussi sont empiriques; elles diffèrent de l'utilitarisme en ce que la *sensibilité* est ici *désintéressée*. Il y en a quatre formes : morales de la *satisfaction intérieure*, de la *bienveillance*, de la *sympathie*, morale *altruiste* :

1º Morale de la *satisfaction intérieure*, « Agis toujours de façon à éprouver une satisfaction de conscience » (Rousseau).

Critique. — *a*) Le sentiment est toujours *variable*; le sentiment moral, il est vrai, est constant, c'est qu'il dépend de notions morales ;

b) Le sentiment n'est pas *obligatoire* : l'obligation est une idée, le sentiment n'est qu'une impulsion ;

c) Le sentiment est non la cause, mais l'*effet*, de la valeur de l'acte ; j'éprouve un sentiment de satisfaction parce que l'action est bonne, non inversement ;

d) Il faudrait attendre que l'*action* fût *accomplie* pour en connaître la valeur d'après le sentiment éprouvé ; le rôle de la morale n'est pas seulement de juger les actes *une fois accomplis*, mais de nous montrer ce que nous devons faire *pour bien agir*.

2º Morale de la *bienveillance* (Hutcheson). Une action est bonne lorsqu'elle s'inspire de sentiments bienveillants.

Réponse. — Doctrine *incomplète*, elle omet notre conduite personnelle, et la pratique de la justice ;

b) Comme tout sentiment, la bienveillance n'est ni *universelle* ni *obligatoire* ;

c) Hutcheson *affirme* que la bienveillance est supérieure à la haine ou à l'égoïsme, il n'explique pas pourquoi.

3° Doctrine de la *sympathie*. Ad. Smith remplace la bienveillance d'Hutcheson par la sympathie, sentiment plus général : tous les sentiments, en effet, peuvent se communiquer. « Agis toujours de façon à provoquer par ton action la sympathie d'un *spectateur impartial* ».

Réponse : *a*) Les sentiments *mauvais* sont aussi bien sympathiques que les bons, donc il n'y a pas là un criterium moral ;

b) La sympathie n'explique pas *l'approbation*, *l'obligation*, le *mérite ;* elle en est l'effet, non la cause ;

c) *L'impartialité* n'est pas de nature sensible (puisqu'elle doit réglementer la sensibilité), mais d'essence rationnelle ;

d) Où trouver un tel spectateur ? c'est une pure *fiction ;*

e) Même existant, il ne connaîtrait que nos *actes*, non nos *intentions ;*

f) Si nous concevons un spectateur impartial, il devient *inutile*, car chacun peut être son propre spectateur.

4° Morale *altruiste* et *évolutionniste* (A. Comte, Spencer). Chacun doit sacrifier son bonheur au bonheur de l'humanité (A. Comte : *religion de l'humanité*). Spencer : *évolution* morale dans l'humanité fatalement vers la *justice* et la *charité*.

Critique. — *a) Au nom de quoi* engager chacun à se sacrifier à autrui ? Le respect de l'humanité doit découler du devoir, et de la fraternité des hommes qui ont un Père commun. L'humanité se développant à travers les siècles n'est qu'un fait, n'ayant en soi ni son explication ni sa valeur.

b) L'*évolution* ne peut marcher *vers le mieux* que s'il y a à l'origine des *notions morales* (droit, devoir, etc.), principes et lois de l'évolution même.

CHAPITRE III

THÉORIE DU DEVOIR ET DE LA LOI MORALE

II. La loi morale et le devoir. — L'idée du bien vient non de l'expérience, mais de la raison, qui conçoit la nécessité de l'ordre pratique : cette nécessité est édictée dans la loi. La *loi morale* s'adresse à des êtres raisonnables et libres, sa nécessité a donc un caractère spécial : c'est le *devoir* (« nécessité consentie... nécessité d'obéir à la loi par *respect* pour la loi », Kant) ; nous comprenons cette nécessité, et nous nous y soumettons librement : nous sommes *obligés*, non contraints.

Loi morale, lois cosmiques, lois civiles. — La loi morale commande de faire le bien « impératif catégorique », distingué de « l'impératif hypothétique » (intérêt), qui est un simple conseil subordonné à une condition (Kant).

Trois caractères essentiels de la *loi morale* :
a) *Universelle* (comme toute loi) ;
b) *Obligatoire* (nécessité morale) ;
c) *Absolue*.

Ces deux derniers caractères la distinguent des lois cosmiques et des lois civiles.

1° Les *lois cosmiques* sont *mathématiques* et *physiques*.

a) Les lois *mathématiques* ont une *nécessité idéale* et *fatale*, et marquent *ce qui est* ; la loi morale a une nécessité d'*action* et *consentie*, et indique *ce qui doit être* ;

b) Les lois *physiques* sont *contingentes* (non nécessaires), et régissent *ce qui est* ; la loi morale est *immuable*, et ordonne *ce qui doit être*.

2° *a)* Les lois *civiles*, comme la loi *morale*, sont *impératives* (non indicatives) ;

b) Comme les lois physiques, elles sont *contingentes*, variables avec les temps, les nations, les législateurs ;

c) Elles sont, en un sens, *artificielles* (sinon arbitraires), en un sens *naturelles,* car elles dépendent de la loi morale (idée de justice ou du droit) ;

d) Les lois civiles commandent les *actes*, la loi morale se contente de l'*intention*.

Valeur morale de l'intention. — Il s'agit moins, en effet, en morale, des actes réalisés que des intentions : la charité apparente (actes) n'est en rien comparable à la vraie charité, accomplie par devoir (intention), et si l'acte est empêché malgré nous, l'intention droite et sincère suffit ; dans ce sens « l'intention vaut l'acte ». (A discuter la « direction d'intentions » des casuistes ; voyez Pascal, *Provinciales*).

Bien en soi et bien moral. — La loi morale commande de faire le bien. Il y a donc un bien *idéal, principe* de la loi, ou *Bien en soi*, ou *Bien* *absolu*, à distinguer du *bien moral*, qui est le bien de l'*acte*, ou du moins de l'*intention*, et en est la conséquence.

Détermination rationnelle du bien idéal. — On peut déterminer par la raison la valeur d'une idée au point de vue de la *grandeur* ou au point de vue de la *perfection* (Malebranche).

1° Les rapports de *grandeur* sont concevables entre des quantités *abstraites*, sur la valeur desquelles la *volonté* n'a aucune prise (mathématiques); or les actions morales sont *concrètes*, et elles diffèrent en chacun selon la *volonté* libre.

2° Les rapports de *perfection* sont de deux sortes :

a) Perfection ou excellence appréciée en *compréhension* : les actes les meilleurs sont les plus intelligibles (Aristote, Stoïciens, Leibniz).

— Réponse. L'*intelligibilité* n'est pas le seul élément de la moralité, le *sentiment* y a sa part; mais elle en est l'élément essentiel (analyse de la conscience morale).

b) Perfection ou excellence appréciée en *extension* ; les actes les meilleurs sont les plus universels : « Agis toujours de façon à traiter la personne humaine, en toi et en autrui, comme une fin, non comme un moyen » (Kant).

— Réponse. C'est là une partie seulement de la moralité : la personne humaine n'est pas l'*absolu moral*, elle est digne de respect, parce qu'elle a une destinée spéciale, que sa raison conçoit, et que sa volonté libre doit réaliser. Elle a à se régler sur un idéal transcendant de perfection : le bien sous sa forme la plus haute, l'idéal moral absolu, est l'obéissance à Dieu, la « ressemblance à Dieu » (Platon) ; l'*idéal moral* n'est pas humain, il est *divin*.

Fondement supranaturel de la loi morale ; discussion de la morale indépendante. — Tout en reconnaissant une origine *a priori* aux notions morales, on peut cependant concevoir d'une façon très différente leur fondement. La morale « indépendante » ne reconnaît d'autre origine à ces notions que l'âme humaine ; la morale « transcendante » rattache indispensablement la loi morale à l'existence de Dieu législateur.

a) La morale *indépendante* fait de la *conscience morale* une sorte d'*absolu* : mais l'homme n'existe pas par soi, et la *loi morale*, comme les lois physiques, doit avoir une *Cause première* : elle est le commandement de Dieu (mysticisme de Socrate : voix de la Divinité dans la conscience).

b) Ce n'est pas la volonté arbitraire de Dieu qui commande, mais sa *volonté d'accord avec sa nature*, car il est l'éternelle et absolue perfection du Bien (Platon).

CHAPITRE IV

RESPONSABILITÉ, VERTU, SANCTIONS

Responsabilité, imputabilité. — La responsabilité est le *caractère de la personne qui doit rendre compte de ses actes ;* l'imputabilité est le caractère des actes accomplis librement, et dont l'auteur est responsable. La *responsabilité morale* est seule complète et absolue : la *responsabilité légale* ou sociale est dérivée et approximative.

Conditions et degrés de la responsabilité. — Les conditions de la responsabilité sont celles de la personnalité : raison et liberté. La responsabilité a des degrés, selon les *circonstances atténuantes* ou *aggravantes*, et selon l'indépendance plus ou moins grande dans l'*exercice* de la *raison* et de la *liberté*.

Mérite et démérite. — Ils sont l'*accroissement de valeur* ou la *dépréciation* de la personne, résultant de l'obéissance ou de la désobéissance à la loi morale : conséquences de la responsabilité, leurs degrés varient comme ceux de la responsabilité même.

Ils se mesurent : *a)* Sur la *valeur intrinsèque* du *devoir ;*

b) Sur la *difficulté* de son accomplissement.

De la vertu. — Le mérite et la vertu sont étroitement unis : un homme vertueux est méritant, et réciproquement.

Différentes théories sur la vertu :

1º Socrate et Platon : Vertu *science* du bien.

— Réponse. *a)* « Pécher par ignorance » n'est pas coupable ;

b) On peut savoir ce qu'on doit faire, sans avoir le courage de le vouloir : la connaissance du bien est donc condition *nécessaire*, non *suffisante*, de la vertu.

2º Platon : Vertu *harmonie*, harmonie *intérieure* (toutes les facultés concourant à l'accomplissement du bien), harmonie *extérieure* de l'âme avec les autres âmes (justice, charité), et avec *Dieu* (piété) ; c'est bien là un des caractères de la vertu.

3º Platon : Vertu *ressemblance à Dieu* ; Dieu est le Bien, et la ressemblance à Dieu est identique à la science du bien.

4º Au lieu de ces conceptions intellectualistes et objectives, Aristote envisage plutôt la vertu subjective, par rapport à la *volonté de la personne* :

a) La vertu est un *juste milieu*, le développement de l'activité propre à l'homme, ni en deçà, ni au delà de sa mesure normale. Cela ne limite pas d'ailleurs la vertu à la médiocrité ; sa direction une fois trouvée, elle peut se rapprocher toujours davantage de l'idéal.

b) Aristote définit encore la vertu une *habitude*. — On objecte : l'habitude est une routine. — Réponse : Il y a deux sortes d'habitudes : passives ou routinières, actives et libres, et ces dernières forment la vertu.

5° On peut réunir les éléments des définitions précédentes : la vertu est « l'habitude d'obéir librement, avec lumière et amour, à la loi du devoir ».

Sanction ; ses diverses espèces. Le devoir et le bonheur. — L'homme, être *raisonnable*, doit « obéir à la loi morale par *respect* pour la loi » (Kant); mais il est aussi un être *sensible*, et il ne peut y avoir de conflit entre l'aspiration au *bonheur* et la pratique du devoir. Le devoir ne doit pas être pratiqué pour atteindre le bonheur (car alors plus de vertu); le bonheur doit récompenser la vertu, c'est alors la *sanction*, « récompense ou châtiment attachés à l'observation ou à la violation de la loi ».

a) Sanctions *naturelles* : santé récompense de la tempérance, succès récompense du travail.

— Réponse. Sanctions très contestables, elles ne se vérifient pas toujours.

b) Sanctions *sociales*, distinguées en sanction de l'*opinion*, et *sanction légale*.

α) Le *jugement* de nos *semblables* a sa valeur morale, mais c'est une sanction imparfaite, car il peut s'égarer ;

β) De même la sanction *légale*.

c) Sanction de la *conscience* : satisfaction ou remords de nos actes. Cette sanction est assurément plus sûre que les précédentes, mais elle n'est pas non plus infaillible ; la conscience morale peut s'émousser par l'habitude du mal.

d) Sanction *religieuse* de la *vie future,* la seule qui atteigne sûrement et exactement les actes bons ou mauvais.

MORALE

LIVRE II

MORALE APPLIQUÉE

LIVRE II

MORALE APPLIQUÉE

Objet de la morale appliquée. — Le devoir étant déterminé en général par la morale théorique, reste à en déterminer les applications dans les diverses circonstances de notre conduite : c'est l'objet de la morale *appliquée* (non proprement *pratique*, comme on l'appelle parfois, car elle est aussi une théorie).

Division des devoirs. — 1º Au point de vue de la *forme* :

a) Négatifs (ne tue pas) ; *positifs* (secours les misères d'autrui) ;

b) Stricts ou déterminés (justice) ; *larges* ou indéterminés (charité).

2º Au point de vue de leur *matière* :

a) Personnels ;

b) Sociaux ;

c) Religieux.

Remarque. — *Tous* les devoirs sont également *obligatoires*, mais non égaux, ils n'ont pas tous la même importance moralement.

Conflits de devoirs. — Il y a parfois des conflits apparents entre certains devoirs : ces conflits n'existent que pour notre *ignorance*, ou notre impuissance à démêler tous les caractères des devoirs.

Règles générales : a) Si deux devoirs ont *même étendue*, le plus *excellent* l'emporte ;

b) Si deux devoirs ont *même excellence*, le plus *étendu* l'emporte ;

c) S'ils diffèrent en étendue et en excellence, le plus *excellent* l'emporte.

CHAPITRE I

MORALE PERSONNELLE

Réalité et fondement des devoirs personnels. — L'homme étant une *personne*, c'est-à-dire un être intelligent et libre, doit respecter en soi la *personnalité*, et la développer le plus complètement possible.

On objecte (Sénèque) : *Nemo sibi debet*. — Doctrine fausse et dangereuse, car la *dignité* de l'homme lui commande de se respecter, et la *création* de l'homme par Dieu l'oblige à se perfectionner :

le fondement de nos devoirs personnels est donc le *droit de Dieu*.

Division des devoirs personnels. — Devoirs relatifs au *corps*, devoirs relatifs à l'*âme*.

1. **Devoirs envers le corps.** — La vie physique est la condition de la vie intellectuelle et morale; donc nous devons conserver la vigueur de notre *corps*, et le respecter comme le *sanctuaire de l'âme*.

A. *Devoirs de respect ou de conservation.* — Nous devons conserver notre corps, et ne pas le mutiler. Le *suicide* est donc un crime : *a*) contre *soi-même*.

— On dit : c'est un acte courageux.

Réponse. — Il y a plus de courage à vivre.

— On dit encore : c'est un *droit*, dans le cas du *déshonneur*.

Réponse. — On doit expier ses fautes.

b) Envers la *société*, par le mauvais exemple et en privant la collectivité d'un de ses membres.

— On objecte : c'est légitime, quand un malheureux est *à charge* à ses semblables.

Réponse. — Il peut donner l'exemple de la *résignation*, et il peut toujours être l'objet de la *charité* d'autrui.

c) Envers Dieu, car c'est déserter le poste où il nous a mis.

B. *Devoirs de perfectionnement.* — Nous devons non seulement conserver le corps, mais développer sa santé, sa vigueur (hygiène, exercices physiques...).

II. Devoirs envers l'âme. — Les devoirs envers l'âme se partagent naturellement en : devoirs envers la *sensibilité*, l'*intelligence*, la *volonté*.

A. *Devoirs envers la sensibilité.* — Il faut être maître de sa sensibilité : user modérément des plaisirs, ne pas se laisser emporter par ses désirs, par ses passions ; en un mot être *tempérant*.

La tempérance n'exclut pas les *passions nobles* et élevées, elle en est même la condition. La vraie tempérance ne consiste pas à chercher la douleur ; mais l'*ascétisme*, ou mortification de la sensibilité, est nécessaire pour arriver à la maîtrise de soi.

Responsabilité des passions. — La naissance et le développement des passions dépendent de différentes causes :

a) Influences *physiques* et *organiques*, tempérament, climat (Descartes, Malebranche) ;

b) Influences *sociales*, exemple, éducation, hérédité ;

c) Causes *psychologiques*, les plus importantes de toutes : c'est nous surtout qui formons et entretenons les passions.

Il y a donc toujours une *responsabilité* dans la passion : elle peut être une circonstance atténuante (juridiquement), envisagée dans son développement actuel, car nous ne pouvons en prévoir toutes les conséquences : mais nous sommes toujours responsables de ses débuts.

B. *Devoirs envers l'intelligence.* — Cultiver son intelligence, fortifier sa raison, conserver sa liberté d'examen, éviter la routine, être modeste dans ses jugements, autant de devoirs qui réunis forment la *sagesse*.

Avoir le souci de la vérité (ne pas mentir), c'est avoir le sentiment de sa dignité. La sagesse est liée au perfectionnement de la volonté : savoir davantage, pour mieux faire.

C. *Devoirs envers la volonté. Dignité personnelle; autonomie morale, en quel sens.* — La *volonté* est la faculté maîtresse dans l'homme, les *devoirs* qui s'y rapportent sont donc *les plus importants :* toujours conserver intacte sa liberté, comme un sanctuaire, travailler à se rendre meilleur et plus fort pour le bien, supporter patiemment les épreuves, être ferme et persévérant dans ses bonnes résolutions, oser entreprendre contre les difficultés, accepter vaillamment la nécessité du *travail* : tout cela est le *courage*.

Du travail. — Le travail, exercice réglé de nos facultés pour une fin bonne, est le résumé de nos devoirs personnels.

a) Il faut aimer le travail, avoir du goût pour ce qu'on fait, si on veut le bien faire; il est le meilleur remède aux passions, aux dérèglements de l'imagination, aux chagrins : voilà pour la *sensibilité*;

b) L'*intelligence* y apporte ses facultés;

c) La *volonté* y a une grande part : déploiement de l'énergie, initiative, persévérance.

Le travail donne une incomparable dignité à la

personne morale, il est socialement la condition de la prospérité, du progrès.

Examen de conscience. — Le meilleur moyen de pratiquer avec fruit tous les devoirs, et d'avancer dans le perfectionnement de soi-même, est de procéder le plus souvent possible à un *examen de conscience*, tous les jours si l'on peut, selon un excellent précepte de Pythagore et de Sénèque, repris par Franklin.

CHAPITRE II

MORALE SOCIALE

I. DEVOIRS GÉNÉRAUX

L'homme est fait pour la vie sociale (ζῶον πολιτικὸν, Aristote) : il a des devoirs envers ses semblables.

Division des devoirs sociaux. — On divise les devoirs sociaux d'après leur extension : devoirs *généraux* envers l'humanité (morale humanitaire); devoirs *spéciaux* envers la *famille* (morale domestique), envers la *patrie* et l'État (morale civique).

I. **Devoirs généraux.** — Deux groupes : devoirs de *justice* (ne pas traiter la personne d'autrui comme un moyen, Kant); devoirs de *charité* (traiter la personne d'autrui comme une fin, Kant), et favoriser son développement.

A. **Devoirs de justice.** — Respecter nos semblables, ne pas leur nuire, les considérer comme nos égaux.

a) **Respect de la vie de nos semblables : légitime défense, guerre, peine de mort, duel, assassinat politique.** — Je dois respecter la *vie* d'autrui, ne pas me faire justice par vengeance. Je n'ai le droit de tuer un assaillant que si je ne peux défendre ma vie par un autre moyen. — L'homicide dans la *guerre* est une nécessité d'individu à individu ; la responsabilité en revient aux gouvernements. — La *peine de mort* théoriquement serait condamnable ; au point de vue de l'ordre public c'est une triste nécessité. On ne peut que souhaiter un progrès des mœurs où elle ne serait plus nécessaire.

Le *duel* n'est qu'un préjugé : c'est un reste de la vie sauvage (se faire justice soi-même), et un attentat. Le recours aux lois ou aux tribunaux d'honneur est seul moralement légitime.

L'*assassinat politique* n'est pas plus justifiable (Jacques Clément, Ravaillac, Charlotte Corday) : si noble que soit la fin poursuivie, elle ne justifie pas les moyens ; souvent la conséquence est l'anarchie et la révolution.

b) **Devoirs envers l'âme de nos semblables.** *Respect de la sensibilité d'autrui.* — Ne pas corrompre le cœur de nos semblables, ne pas heurter leurs goûts, leurs affections, ménager leurs susceptibilités d'amour-propre.

Respect de l'intelligence d'autrui. — Ne pas égarer les autres par le mensonge ni l'hypocrisie ; les laisser chercher la vérité, être tolérant ; respecter la parole donnée, tenir nos promesses, écrites, orales, tacites ; nous interdire la flatterie.

Respect de la liberté d'autrui. — L'homme, qui est une personne, est chose sacrée pour l'homme ; priver un homme de sa liberté est un homicide moral. Toute violation de la liberté d'autrui est donc un crime : *esclavage*, *servage*, servitudes sociales imposées aux autres en abusant de notre fortune, de notre influence, injustice des maîtres envers les serviteurs, des patrons envers les ouvriers ; de même les syndicats, les grèves, ne doivent pas être des moyens d'intimidation.

Respect de la propriété. Liberté du travail. — Les personnes sont encore respectables dans leurs biens, conquis par leur libre activité et leur travail ; violer la propriété de nos semblables, c'est donc violer encore leur liberté. La propriété est chose inviolable, d'où le droit de donation et de transmission testamentaire ; de même le travail (qui est la première propriété) est digne d'un respect absolu ; tout ce qui, sous prétexte de le réglementer, l'asservit, est un attentat.

Respect de l'honneur, de la réputation. — L'honneur, la réputation, sont une propriété morale ; ils sont respectables comme résultats du devoir accompli, et conditions du devoir à accomplir. L'estime est bien la propriété d'un honnête homme ; donc la médisance, la calomnie, sont des fautes graves ; le témoignage en justice est le seul cas où nous pouvons (et devons) faire connaître les fautes d'autrui.

La justice et le droit. Nature et caractères du droit. — Tous ces devoirs, que la *justice* nous oblige à remplir envers autrui, correspondent à des *droits*. — Le droit est un *pouvoir moral* (Leibniz) : nous avons une destinée morale à remplir, il faut donc que nous puissions avoir les moyens de la réaliser. Le droit est un pouvoir idéal ; si nous en sommes frustrés en fait dans l'ordre sensible, il n'est pas supprimé par là.

Il est *universel, absolu, inaliénable, imprescriptible, inviolable, exigible* par la *force*.

Diverses théories sur le fondement du droit, et discussion. — 1° Le droit est le *désir* (hédonisme), la *passion* (roman moderne).

— Réponse : *a)* Le désir, la passion, peuvent n'être pas *universels* ;

b) Ils sont d'ordre *sensible*, le droit d'ordre *idéal* ;

c) Le conflit des désirs ou des passions entre deux hommes ne peut se résoudre que par la *force*.

2° Le droit est le *besoin* (morale utilitaire).

— Réponse : *a)* Quelle *limite* nette entre le désir et le besoin ?

b) Si deux hommes ont besoin de la même chose, le plus *fort* l'emportera.

3° Le droit est l'*utilité générale* (Spinosa).

— Réponse : *a)* Les pires *oppressions* de l'individu par la collectivité seraient par là légitimées ;

b) Si l'*individu* n'a aucun droit, comment la *collectivité*, somme d'individus, en aurait-elle ?

c) Le droit de la *majorité* n'est que le triomphe de la force.

4° Le droit est la *force* (*homo homini lupus*, Hobbes).

— Réponse : *a)* Cette doctrine, à laquelle mènent les trois précédentes, confond un pouvoir *physique* avec un pouvoir *moral* ;

b) Le droit est *égal pour tous*, la force n'est possible que par l'*inégalité* ;

c) Le droit est *immuable*, la force est *changeante* ;

d) Le droit désarmé est parfois respecté par la force terriblement armée (Mathieu Molé), donc elle est d'un autre ordre.

5° Le droit est un *contrat*, dont la base est la *loi positive* (Rousseau).

— Réponse : Tout contrat suppose un droit préalable, et toute législation positive se réclame de la justice et du droit *naturels*.

6° Le droit est le caractère *inviolable* de la *liberté* (Cousin).

— Réponse : C'est vrai, mais la formule est incomplète ; la liberté indéterminée n'est pas plus respectable qu'une force quelconque de la nature, et sans règle elle est la plus dangereuse des puissances.

7° La *volonté* nous est donnée pour *faire le bien* ; donc « *le droit est le caractère inviolable de la personne morale pour l'accomplissement du devoir* ».

Rapports du droit et du devoir. — Le droit a pour fondement le devoir : je suis tenu de réaliser librement ma propre destinée, et c'est pourquoi j'ai droit à être respecté. Le droit est la « *liberté de la liberté* ».

Il semble que le devoir repose sur le droit, puisque le devoir défend de porter atteinte au droit d'autrui ; mais le droit de la personne a sa raison d'être dans son devoir. Le devoir et le droit expriment la dignité de la personne.

Droit naturel, droit positif. — Les *droits naturels* appartiennent à l'homme en tant qu'homme, en dehors de toute législation positive. — Mais, pour assurer à chacun, dans l'organisation sociale, la sauvegarde de ses droits, il a fallu des lois, armées d'un pouvoir de contrainte, *lois écrites*, garantissant les *droits positifs*, et inspirées du droit naturel.

Principaux droits naturels. — Les principaux droits naturels sont :

a) La liberté individuelle (*habeas corpus*, Constitution anglaise), que violent l'esclavage, le servage, la détention arbitraire, etc. ;

b) La liberté du *travail* sous toutes ses formes ;

c) Le droit de *propriété* ;

d) Le droit de *transmission* de la propriété ;

e) La liberté de *conscience* et de *pensée*.

B. **Devoirs de charité.** — La charité consiste à venir en aide à nos semblables, à les aimer comme nos frères, à favoriser leur perfectionnement, à nous dévouer pour eux.

Principaux devoirs de charité. — Trois groupes, correspondant aux trois groupes des devoirs de justice :

a) Secourir nos semblables menacés dans leur *existence*, soulager leur indigence par l'*aumône* ; les *consoler* dans leurs peines ; contribuer à leur bonheur ; exercer à leur égard la *politesse* ;

b) Les aider dans la recherche du *vrai* ; répandre autour de nous la vérité (prosélytisme) ;

c) Favoriser l'extension de la *liberté* et de la propriété des autres hommes ; défendre leur honneur, leur réputation, etc.

Rapports des devoirs de justice et des

devoirs de charité. — *a*) La *justice* est à la base de la morale, elle doit *guider* la *charité*, dont le zèle indiscret peut s'égarer.

b) D'autre part, la *justice* doit être un *acheminement* vers la *charité* : la justice trop stricte, en effet, court risque de devenir l'injustice (*summum jus, summa injuria*), et elle ne peut l'éviter qu'en s'inspirant de la charité. « La justice est à la base de la moralité, la charité au sommet ; l'une est la racine, l'autre la fleur » (Marion, *Morale*, p. 172). Donc, en un sens, différences de *degrés* seulement entre la justice et la charité ; on ne peut les opposer l'une à l'autre.

CHAPITRE III

MORALE SOCIALE *(suite)*

II. DEVOIRS SPÉCIAUX

Division des devoirs spéciaux. — Ils comprennent : la morale *domestique*, la morale *civique*, la morale *internationale*.

A. Morale domestique. La famille ; son fondement — La première société organisée est la *famille*, formée par les parents et les enfants. Elle a un fondement naturel, et elle est nécessaire pour la protection de la femme et l'éducation des enfants ; sa constitution a une importance capitale, car elle est l'unité sociale.

Le mariage. Devoirs des époux. Le divorce. — Le *mariage* est un *contrat moral, sanctionné par la loi positive, entre l'homme et la femme, pour la vie en commun et l'éducation des enfants.* Contrat, donc égalité morale entre les deux parties : « l'union conjugale est d'essence républicaine ». (Aristote).

Devoirs des époux : *a) Fidélité*; union indissoluble (donc immoralité du *divorce*, funeste à la dignité du lien conjugal, et aux enfants);

b) Assistance mutuelle.

Devoirs des parents. — *a) Respecter* l'enfant, déjà personne morale :

Maxima debetur puero reverentia (Juvénal) ;

b) Lui donner l'*éducation* physique, intellectuelle, morale et religieuse.

L'*autorité* des parents a pour *fondements* et pour *limites* l'*éducation* elle-même ; ils la délèguent, au besoin, à des maîtres dignes, choisis par eux.

Devoirs des enfants. — *a)* Envers les parents : affection, obéissance, respect, reconnaissance, assistance dans leur vieillesse ;

b) Entre eux : affection et union.

Devoirs des maîtres et des serviteurs, des patrons et des ouvriers — Respect mutuel des contrats, loyauté, relations courtoises entre personnes morales ; les maîtres et patrons ne doivent pas se désintéresser de la destinée morale des serviteurs et ouvriers.

B. **Morale civique. L'état, la nation, la patrie.** — La morale civique est l'ensemble des devoirs qui incombent aux membres d'une collectivité sociale organisée : *état* (deux sens : le groupe social entier, ou le gouvernement), *nation* (groupe social fondé sur une communauté d'intérêts, d'origine, de territoire, de mœurs, de langue, de sentiments, de lois, de gouvernement, de croyances religieuses), *patrie* (nation attachée au sol des ancêtres,

Origine de la société civile. — *a*) Théorie du *contrat social* (Hobbes, Rousseau) : la société civile n'est pas naturelle, elle résulte d'un contrat ultérieur, fondé sur l'*intérêt commun* (souveraineté du peuple, droit souverain de révolution).

— Réponse : α) La société est un *fait naturel*, elle est l'*état de nature* (non la vie individuelle) : tout le prouve, *nécessités physiques de la vie*, qui supposent la solidarité dans la division du travail économique ; la nécessité de la *famille*, qui est la première société ; le *langage*, l'*art*, la *science*.

β) La souveraineté du peuple n'est qu'une *tyrannie* anonyme, aveugle, donc dangereuse.

b) *Cosmopolitisme, internationalisme.* — Le cosmopolitisme (stoïciens), l'internationalisme (Karl Marx, Lassalle, Liebnecht, Malon...) regardent comme un accident malheureux, ou comme un état transitoire dans l'évolution de l'humanité, la division en nationalités distinctes, et déclarent que les devoirs envers la patrie nuisent à ceux envers l'humanité, à cause des rivalités et des conflits entre les peuples.

— Réponse : α) Les deux ordres de devoirs ne s'excluent pas ;

β) La morale humanitaire trouve dans la morale civile même, sous une forme précise, tous les devoirs (justice et charité) envers nos semblables en général.

c) Théorie de l'*origine naturelle* de la société civile : pour les raisons ci-dessus (première réponse à la doctrine du contrat social). Le *patriotisme* ou amour de la patrie est donc un instinct avant d'être un devoir. Fausseté psychologique et morale de la maxime : « La patrie est là où l'on vit bien ».

Le gouvernement ; son origine. — Deux doctrines principales : *droit divin, souveraineté populaire.*

a) Hobbes, Bossuet : Le fondement de l'autorité du gouvernement est dans la volonté de Dieu ; il veut que l'ordre social soit respecté, lequel dérive de l'ordre moral, qui a son origine en Dieu ; donc tout gouvernement est de *droit divin* (ne pas confondre avec la *théocratie,* intervention personnelle de Dieu dans le gouvernement des hommes).

b) Rousseau : Le *peuple* est *seul* et absolument la source du *pouvoir*.

— Réponse : La porte est ainsi toujours ouverte à la révolution et à l'anarchie.

Formes de gouvernements ; les trois pouvoirs et la loi. — Trois formes principales de gouvernements : *a) Monarchie,* dont l'excès est la *tyrannie ;*

b) Oligarchie ou *aristocratie,* gouvernement de plusieurs, réputés les meilleurs par les talents ou la fortune ;

c) Démocratie, ou gouvernement républicain, dont l'excès est la *démagogie.*

Toute forme de gouvernement théoriquement est légitime : son usage bon ou mauvais est une question de morale.

Trois pouvoirs essentiels appartiennent au gouvernement : *législatif, judiciaire, exécutif* (veiller à l'application exacte des lois). Ils sont réunis dans les gouvernements absolus (tyrannie, démagogie), séparés dans les gouvernements modérés ; la *séparation des pouvoirs* est nécessaire pour assurer la confection et l'application des lois avec impartialité. Il faut en effet que l'autorité de la loi, s'inspirant de la justice absolue et s'en rapprochant le plus possible, se maintienne au-dessus des querelles et des luttes de partis, et ne fléchisse pas devant l'intérêt d'une faction ou d'une personnalité puissante.

Fonctions naturelles de l'Etat ; ses devoirs. — Pour gouverner, l'Etat a certaines obligations, qui toutes se ramènent à la *protection* et à l'*assistance*.

1º *Protection* : *a*) Sécurité *matérielle* (police, protection contre les cataclysmes naturels, contre les épidémies) ;

b) Sécurité *morale*, (législation, justice, respect de la morale et de la religion) ;

c) Sécurité *extérieure* (diplomatie, guerre, marine).

2º *Assistance* : L'action de l'Etat ne peut ni ne doit se substituer à l'initiative privée (Etat-providence), il doit la susciter et l'encourager :

a) Perfectionnement *matériel* (routes, canaux, ports, phares, télégraphes, concours industriels, expositions, colonies) ;

b) Perfectionnement *intellectuel* et *moral* (musées, bibliothèques, encouragement à l'enseignement, aux œuvres moralisatrices, de bienfaisance).

L'Etat est seulement l'auxiliaire de l'initiative privée.

Empiétements de l'Etat : monopoles illégitimes. — Tout monopole non indispensable de l'Etat le fait manquer à cette mission : les monopoles d'enseignement, des chemins de fer, d'assistance et de charité, la réglementation à outrance, la centralisation administrative, le fonctionnarisme, etc., sont autant d'accaparements illégitimes, d'empiétements funestes

L'Etat et la famille. Rôle social de la famille. — Le socialisme subordonne la famille à l'Etat : Platon juge même l'organisation propre de la *famille nuisible* au développement de l'*Etat*, et veut la supprimer.

— Réponse : *a)* Elle est la *première société*, la plus indispensable, et la condition de la vie nationale même ;

b) Elle est l'*école des vertus sociales*, dont la pratique est rendue plus facile ensuite entre les citoyens. Preuve : très forte organisation de la famille dans la Rome antique.

L'Etat et la propriété. — Les doctrines socialistes prétendent détruire toute propriété individuelle.

1° **Socialisme en général.** — *a)* Proudhon : « La propriété, c'est le vol ».

— Réponse : Cercle vicieux, car tout vol suppose une propriété préalable.

b) Le sol est à tous.

— Réponse : La part de chacun est proportionnée à son travail et à son activité.

c) La propriété est une atteinte à l'égalité naturelle.

— Réponse : L'égalité naturelle est une chimère ; tout dans la nature est inégal.

d) La propriété est la source d'abus sociaux graves : concurrence vitale acharnée, accaparement, paupérisme, anarchie.

— Réponse : L'abus ne condamne pas l'usage : la réforme des abus est un problème social et surtout moral.

2º **Socialisme d'Etat.** — Remède proposé aux maux ci-dessus signalés : l'Etat seul propriétaire. Deux doctrines : *communisme, collectivisme.*

a) *Communisme* (Platon, Babœuf, Fourier, parti (?) anarchiste contemporain) : mise en *commun* de *tous les biens.*

— Réponse : Théorie applicable seulement à des sociétés restreintes dont la règle est rigoureuse et respectée (ordres religieux) ; dans un Etat, ce serait la *suppression* de toute *initiative* individuelle nécessaire à la production.

b) *Collectivisme.* Etat propriétaire des moyens de production, non des objets de consommation (produits partagés entre les individus selon leur capacité et leur participation à la production).

— Réponse : *a*) *Distinction arbitraire* : les objets de *consommation* peuvent servir à la *production* (vente des fruits de la terre) ;

b) Organisation du *travail* impossible, par l'*immensité de l'enquête* préalable nécessaire.

Diverses formes du collectivisme : *Marxistes* (Lassalle, Marx, Guesde) ; *Possibilistes* (Malon, Allemane).

Devoirs des citoyens envers l'Etat. — *a)* Respect et amour de la *patrie* ;

b) Respect des lois et des *magistrats* qui les font et les appliquent ;

c) Education nationale ;

d) Contribution aux charges de l'*impôt* et du *service militaire* ;

e) Vote.

Droits des citoyens. — *a)* Droits *civils* (mariage, propriété, travail...) ;

b) Droits *politiques* (liberté de réunion, de la presse, droit d'association, vote, droit de résistance et d'insurrection contre les gouvernements oppresseurs ou usurpateurs, après avoir épuisé avec calme tous les moyens légaux).

Egalité civile et politique. La démocratie. — Dans nos sociétés modernes, démocratiques, tous les citoyens ont les mêmes devoirs et les mêmes droits, sous les formes diverses que leur donne leur condition sociale : *liberté, égalité* (civile et politique ; non *sociale*, ce n'est qu'une dangereuse fiction) ; *fraternité*, tous les citoyens ont une mère commune, la patrie.

Conclusions de la morale civique. — *a)* **La solidarité et les œuvres sociales.** — Tous les citoyens d'une même nation doivent se redire sans cesse qu'ils ont entre eux une étroite *solidarité*, quoique placés dans des conditions sociales différentes (l'apologue : *Les membres et l'estomac*); ainsi non seulement ils ne se mépriseront ni ne se haïront, mais ils s'estimeront entre eux : ceux qui ont l'instruction, le loisir, la richesse, doivent aider, guider, éclairer les moins instruits et les plus pauvres. D'où nécessité des *œuvres sociales* : assistance par le travail, sociétés d'instruction populaire, bienveillance et bienfaisance actives sous toutes leurs formes, correspondant à un « devoir d'aînesse ».

b) **Lutte contre l'alcoolisme.** — L'une des œuvres sociales les plus urgentes est la lutte contre l'*alcoolisme* : il est un agent de *dégénérescence* physique et morale de l'*individu* (paresse, idiotie, vice, crime) ; de stérilité dans la *famille*, et de transmission héréditaire des tares de toute sorte ; enfin, à la longue de dégénérescence de la *race* elle-même.

Le danger actuel est grand en France: α) Notre courbe d'alcoolisme est constamment croissante depuis 1835, celle de *tous* les autres Etats tend à décroître et en moyenne s'est très abaissée;

β) A elle *seule* la *France* boit plus d'*absinthe* (la plus terrible des boissons alcooliques) que le *reste de l'univers*, et en *douze ans* la consommation française en a plus que *triplé* (de 1885 à 1896).

γ) L'alcoolisme entre pour les 4/5 dans les causes de la *criminalité* (augmentation de 1/3 en quinze ans); pour 70 o/o dans celles de l'*épilepsie* ; pour 40 o/o dans celles de l'*aliénation mentale*.

δ) Au point de vue *économique*, le coût de l'alcoolisme (achat de l'alcool, hospitalisation des alcooliques aliénés, frais de procédures pour la répression des délits et crimes alcooliques, secours intermittents d'assistance publique, chômages et pertes de salaires, pertes résultant de suicides et de morts accidentelles, etc.) a été *approximativement* pour la France en 1895 (année prise au hasard), de *1 milliard 800 millions* (Dr Rochard), dont la répercussion sur la dette publique n'est pas douteuse.

— Les remèdes sont : α) Outre l'*intervention de l'État* (élévation des droits, rigueur dans la répression de l'ivresse publique) ;

β) Les efforts de l'*initiative privée* (Sociétés de tempérance, propagande par la parole, diffusion des statistiques) ;

γ) L'appel aux *croyances morales et religieuses.*
Il y va de l'avenir de la race française.

C. **Morale internationale. Le droit des gens.**
— Les diverses nations ayant des rapports entre elles, ces rapports sont réglés par certaines lois qui forment le *droit des gens* (*gentes*, nations). Les nations sont des personnalités collectives, qui doivent :

a) *Se respecter* entre elles ;

b) Respecter mutuellement leurs *conventions* ;

c) Faire la *guerre* avec le moins de rigueur possible ;

d) S'interdire les *conquêtes* et la civilisation par *violence* ;

e) Se prêter aide mutuellement contre les doctrines d'*anarchie*.

La civilisation et le progrès de l'humanité.
— La civilisation est ainsi une œuvre collective internationale : *Sum civis totius orbis*. Elle a des éléments divers :

a) Civilisation *matérielle* (développement de l'agriculture, du commerce, de l'industrie) ;

b) Civilisation *intellectuelle* (sciences, arts, philosophie) ;

c) Civilisation *morale* et *religieuse*.

Y a-t-il un *progrès* dans l'humanité ? Problème très complexe. Il y a sans doute progrès sur certains points : progrès *matériels*, progrès *intellectuels* assurément ; progrès *moraux* (abolition de l'esclavage, élévation morale de la condition de la femme, de l'enfant, adoucissements de la pénalité criminelle, abolition de la torture...). Mais il y a un revers à toute médaille : le paradoxe de Rousseau sur le développement des arts et des sciences cause de *corruption*, n'est pas tout à fait faux ; de très hautes civilisations périclitent et disparaissent. En tout cas, si l'humanité n'*est* pas en progrès constant (moralement), elle *peut* et *doit* progresser indéfiniment ; la comparaison de Pascal et de saint Augustin (la série des générations humaines semblable à la vie d'un seul homme qui apprend toujours, et devient meilleur avec le temps), est un idéal dont l'humanité doit chercher à se rapprocher toujours davantage.

CHAPITRE IV

MORALE RELIGIEUSE

C'est l'ensemble de nos devoirs envers Dieu, au point de vue de la *religion naturelle*, sans acception de telle ou telle *religion positive*.

Importance des devoirs envers Dieu. — Dieu est l'Etre parfait, le Bien absolu (Platon) : il est donc l'auteur du monde physique et du monde moral, le *législateur moral*, et nous soumettre à la loi morale, c'est *obéir* à son saint commandement ; dans ce sens tous nos devoirs sont des devoirs envers Dieu. Par toutes les puissances de notre être nous devons nous élever vers Lui comme vers le modèle de la perfection : le *connaître* par notre intelligence, l'*aimer* par notre sensibilité, le *servir* par notre volonté, donc lui subordonner tout notre être.

De là le devoir du *culte* ou de la prière, privée et publique.

A. Culte privé. — La prière individuelle à Dieu est nécessaire pour :

a) Lui témoigner notre *soumission* et notre adoration ;

b) Implorer le *pardon* de nos fautes ;

c) Lui demander son *aide* et sa *protection* ;

d) Le *remercier* de ses bienfaits.

OBJECTIONS et RÉPONSES. — a) Prière *inutile* (Dieu connaît nos besoins). — Dieu n'a rien à apprendre de nous, mais nous devons lui marquer notre dépendance.

b) Prière *sans effet* (les décrets de Dieu sont éternels et immuables). — Nos prières sont connues de toute éternité par Dieu, et il a éternellement arrangé toutes choses en conséquence.

c) Elle *supprime l'effort* (nous nous en remettons à Dieu de tous les événements). — Non : « Aide-toi, le Ciel t'aidera ».

B. **Culte public.** — a) Les hommes sont frères, donc tous *fils* d'un même *Père* « qui est aux Cieux » ; comme tels ils doivent prier ensemble.

b) Ils doivent demander à Dieu de protéger *l'ordre social* dont ils sont tous membres.

c) Un Etat, étant une *personnalité morale*, doit avoir un culte, tout en respectant et faisant respecter l'exercice de tous les autres.

Devoirs envers l'ordre universel et envers les animaux. — Nous n'avons pas de devoirs à proprement parler envers les choses inanimées et les animaux, qui n'étant pas des personnes, n'ont pas de droits. Mais nous devons admirer et respecter *l'ordre* merveilleux qui régit l'*univers*, et toute *destruction* inutile est une *offense à Dieu*, dont nous profanons l'œuvre.

- **1° MORALE INDIVIDUELLE**
  - Devoirs envers le corps
    - Conservation de l'être (immoralité du suicide).
    - Bien-être de la vie physique, comme condition de la vie morale.
    - Sensibilité : tempérance.
    - Intelligence : sagesse.
    - Volonté : courage (dignité du travail).
- **2° MORALE SOCIALE**
  - Devoirs envers l'âme
  - Devoirs généraux (envers l'humanité en général)
    - Devoirs de Justice
      - Envers le corps de nos semblables : Respecter leur vie (immoralité de l'assassinat, du duel).
      - Envers l'âme de nos semblables
        - Sensibilité.
        - Intelligence.
        - Volonté.
        - Propriété, honneur.
    - Devoirs de Charité
      - Les mêmes que les devoirs de justice, à un degré plus élevé (faire du bien à autrui).
  - Devoirs spéciaux
    - Dans la patrie
      - Éléments de la nation
        - Communauté de mœurs.
        - — lois.
        - — langue.
        - — d'intérêts.
        - — traditions.
      - Sentiment de l'honneur et de la dignité de la nation.
      - Différents devoirs
        - de l'État
          - Protection des citoyens.
          - Honneur national.
          - Respect des lois.
          - Impôt.
          - Vote.
          - Service militaire.
        - des citoyens
          - Fidélité mutuelle.
          - Égalité morale.
          - Instruction des enfants.
          - Éducation.
          - Soumission.
          - Respect.
    - Dans la famille
      - des époux
      - des parents
      - des enfants
        - Amour.
        - Soutien des parents âgés ou infirmes.
        - Culte privé
        - — public.
  - Morale internationale
- **3° MORALE RELIGIEUSE**
  - Religion naturelle.
  - Devoirs envers l'ordre universel et les animaux.

CINQUIÈME PARTIE

MÉTAPHYSIQUE

CINQUIÈME PARTIE

MÉTAPHYSIQUE

Objet et divisions. — L'expression τὰ μετὰ τὰ φυσικά (questions relatives aux réalités suprasensibles, m. à m. *au-dessus de la nature*) est employée par les commentateurs d'Aristote, dressant le catalogue de ses ouvrages : d'où ultérieurement le mot *métaphysique*. Aristote appelle l'ensemble de ces questions *philosophie première*, ou *science des premiers principes* (substance, cause, fin), ou *science de l'être en tant qu'être*, — toutes désignations équivalentes. La métaphysique est seule, en effet, à se poser le problème de *l'être*, les autres sciences étudiant seulement leurs manifestations et les lois qui les régissent.

Ordre des questions : 1° Introduction, ou *métaphysique critique*, problème de la valeur objective de la connaissance (l'esprit humain peut-il tenter légitimement de connaître l'être) ?

2° *Ontologie*, qui traite de la nature des êtres créés : matière inerte, matière organisée (plantes, animaux), âme pensante; c'est le problème de la *substance*.

3° *Théodicée* (existence et attributs de Dieu), c'est le problème de la *cause*.

4° *Téléologie*, ou destination de l'univers (discussion du pessimisme et de l'optimisme), c'est le problème de la *fin*.

MÉTAPHYSIQUE

LIVRE I

MÉTAPHYSIQUE CRITIQUE
VALEUR OBJECTIVE DE LA CONNAISSANCE

LIVRE I

MÉTAPHYSIQUE CRITIQUE
VALEUR OBJECTIVE DE LA CONNAISSANCE

Problème ancien et problème moderne de la valeur de la connaissance. — *a*) Dans l'*antiquité*, le problème est : « l'esprit peut-il ou non connaître avec certitude » ? Le débat est entre le *scepticisme*, et le *dogmatisme* sous ses diverses formes.

b) Pour les *modernes*, la question est : « la connaissance correspond-elle à une réalité hors de l'esprit » (*idéalisme*) ? Cette réalité peut-elle ou non être connue absolument ou seulement d'une façon relative (*relativisme, réalisme métaphysique*) ?

CHAPITRE PREMIER

SCEPTICISME ET PROBABILISME

Scepticisme. Ses principaux représentants, anciens et modernes. — Le scepticisme est la doctrine d'après laquelle l'homme doit *suspendre en tout et toujours son jugement sur toute question* (σκέπτομαι, examiner).

Les premiers sceptiques grecs sont les *sophistes* (Protagoras, Gorgias...) : ils se distinguent des *sceptiques* en ce que le doute de ces derniers est spéculatif, la morale étant réservée ; le doute des *sophistes* au contraire est d'abord moral, et ultérieurement et par conséquence spéculatif.

Les sceptiques anciens sont : *Pyrrhon*, son disciple *Timon* (IVe siècle) ; puis *Enésidème, Agrippa* (Ier siècle avant notre ère), *Sextus Empiricus* (IIIe siècle de notre ère). — Les modernes sont : *Montaigne, Lamothe le Vayer, Bayle, Voltaire* (1).

Arguments du scepticisme, et discussion.
— Le scepticisme croit la certitude impossible, faute d'un criterium de certitude. Les arguments sont :

1° A l'origine, *dix tropes* (ou raisons) de douter (Enésidème, et peut-être Pyrrhon lui-même) ;

2° Puis *cinq tropes* (contradiction, régression à l'infini, diallèle, hypothèse, relation) ;

3° Ils ont été enfin ramenés à *quatre*.

a) Argument de l'ignorance. Une connaissance vraie doit être *complète* ; or la connaissance de l'homme est toujours « bornée par quelque endroit » (Bossuet) ; « *nous ne savons le tout de rien* » (Pascal), donc nous ne savons rien.

— RÉPONSE : Si la connaissance venait de la seule

---

(1) Ni Pascal, ni Lamennais, ni les idéalistes Hume et Berkeley, ni Kant (criticisme), ne sont des sceptiques.

expérience, l'objection sceptique porterait ; mais l'expérience, toujours partielle, est interprétée par les *principes* universels et nécessaires de la raison (ex. : causalité), grâce auxquels la connaissance partielle peut être vraie néanmoins.

b) Argument de l'erreur. L'homme se trompe souvent ; et il ne peut discerner l'affirmation fausse, qu'il croit vraie, de celle qui serait vraie réellement : pas de criterium entre la *vraie* et la *fausse certitude*.

— Réponse : Il faut remarquer que :

α) L'erreur est une *notion négative* (absence ou privation de la vérité) ; si la vérité n'existe pas, l'erreur n'est pas concevable ;

β) Toute erreur renferme une certaine *part de vérité* (Malebranche : « Le néant n'est pas intelligible »).

c) Argument de la contradiction. Les hommes se contredisent dans le temps, dans l'espace ; parfois le même homme d'une heure à l'autre : au milieu de ces oppositions (mœurs, législations, doctrines, systèmes...) où est la certitude ?

— Réponse : Les contradictions ne sont pas partout :

α) Il faut distinguer les mœurs, les opinions, les coutumes, les systèmes (très divers, en effet), et les *principes* (mathématiques, moraux, rationnels), admis par tous les hommes ;

β) Même la diversité entre les opinions ne prouve pas l'absence de toute vérité par la destruction mutuelle de ces affirmations différentes ; toute *affir-*

mation humaine peut renfermer un *élément de vérité*, et il faut chercher une conciliation progressive des doctrines, des systèmes, des mœurs, etc. (éclectisme : Aristote, Leibniz, Cousin)..

d) Argument du diallèle (cercle vicieux, διὰ ἀλλήλα). Ou la raison ne se démontre pas, et alors quelle est son autorité ? ou elle se démontre, mais elle ne peut le faire que par elle-même (diallèle, cercle vicieux).

— Réponse : Le dilemme est faux : α) Les dogmatiques *ne prétendent pas démontrer* la raison, sachant bien que ce serait un cercle vicieux.

β) Comment affirmer que ce qui est démontré est seul vrai ? l'affirmer *a priori* est contradictoire, vouloir le prouver est se condamner à une régression à l'infini. Ce sont les *sceptiques* qui tombent dans un *cercle vicieux*, car attaquant la *raison* ils se servent de la raison elle-même.

γ) Les dogmatiques, il est vrai, affirment la valeur de la *raison, sans démonstration* ; mais le scepticisme aussi, en se distinguant du dogmatisme, la sous entend sans la démontrer (principes d'identité et de non-contradiction).

— La *raison* reste ainsi le fond inébranlable de *toute pensée* ; le scepticisme se détruit en s'énonçant : « le rôle du véritable sceptique est de rester muet ». (Spinoza).

Services historiques du scepticisme. — Funeste en soi, le scepticisme a eu sa raison d'être à certaines époques, en *mettant le dogmatisme en garde* contre l'abus des affirmations arbitraires (stoïciens) ; malheureusement il est allé à l'extrême, et a compromis la pensée humaine elle-même dans l'ordre spéculatif et dans l'ordre pratique.

Le scepticisme proprement dit n'existe plus, il est remplacé par le relativisme (voy. chapitre suivant).

Du probabilisme. — Il faut distinguer du scepticisme le probabilisme, demi-scepticisme inconséquent (Nouvelle Académie, Arcésilas, Carnéade, Cicéron) : il n'y a pas de certitude absolue, mais seulement des *probabilités* plus ou moins grandes.

— Réponse : Pour apprécier les *degrés de probabilité* il faut avoir une commune mesure, qui ne peut être que la *certitude* (dogmatisme), ou alors le probabilisme doit revenir au scepticisme pur.

Scepticisme

ARGUMENTS
- 1º Ignorance. « Nous ne savons le tout de rien ». (Pascal).
- 2º Erreur : Comment savoir si l'on ne se trompe pas toujours ?
- 3º Contradiction des opinions.
- 4º Diallèle : impossibilité pour la Raison de se démontrer elle-même.

DISCUSSION
- 1º
  - *a*) Ignorer le tout n'est pas ignorer les parties.
  - *b*) Grâce à la raison, la connaissance peut se faire peu à peu.
- 2º
  - *a*) L'erreur suppose la vérité.
  - *b*) L'erreur renferme toujours quelque vérité.
- 3º
  - *a*) La *diversité* des opinions n'est pas *contradiction*.
  - *b*) Les opinions se concilient les unes les autres, progressivement.
- 4º La Raison ne peut ni *se justifier*, ni *se condamner* elle-même ; elle est au-dessus du raisonnement.

CHAPITRE II

RELATIVISME

On appelle relativisme toute doctrine qui nie la possibilité de connaître exactement la réalité telle qu'elle est. Il y en a deux formes, très différentes malgré l'analogie des formules qui les résument.

A. **Relativisme positiviste ou objectif.** — Formule : « Nous ne pouvons rien connaître d'absolu ». Nous ne connaissons les *objets* que par leurs *relations* les uns aux autres (grandeur, forme, température, couleur, etc.) ; or l'*absolu* étant l'opposé du relatif, serait, par définition, ce qui n'a de *rapport avec rien* ; donc un tel objet, s'il existe, est *inconnaissable*. Le monde sensible, avec les lois physiques, mathématiques, etc., qui le régissent, est le seul objet de connaissance (A. Comte, Hamilton).

— CRITIQUE : *a*) La seule connaissance est-elle la connaissance scientifique ou positive (expérience, calcul) ? Si oui, le positivisme a raison : mais c'est justement la question. Les sens et le raisonnement connaissent les objets par leurs relations réciproques ; mais il y a en outre la conscience et la raison,

La *conscience* ne connaît pas l'absolu, car le *moi* (âme) dépend du corps, des autres corps de la nature, de l'espace, du temps, etc.

Reste la *raison*, qui nous donne *en fait* l'idée de l'*absolu*. — Objection : c'est une illusion, une pseudo-idée, car l'absolu est *en droit* à la fois inconnaissable et inconcevable (Hamilton) : si nous le concevons comme *unité*, nous l'opposons à la *pluralité*, donc il est relatif ; si nous le concevons comme *cause*, nous l'opposons à l'idée d'*effet*, donc il est encore relatif.

— Réponse : *b*) Il y a ici équivoque sur le mot *relation* : l'absolu est *indépendant* du relatif (qui au contraire dépend de lui), mais il a et doit avoir des *rapports*, de supériorité et de domination, avec le relatif. L'équivoque disparaît, si l'on appelle le relatif *conditionné*, et l'absolu *inconditionnel*.

c) Le *relatif* est *inconcevable sans l'absolu* : si l'on supprime l'absolu, pour ne conserver que le relatif (l'univers, c'est-à-dire les relations entre les objets), c'est le *relatif* qui *devient l'absolu* (matérialisme : la matière existe par soi, est éternelle), donc l'idée de l'absolu seule subsiste.

d) Elle doit être au moins l'idée d'une réalité, Cause inconditionnelle, parfaite, éternelle, etc., *imparfaitement connue*, mais *nécessairement* connue pour expliquer le monde (Cf. dans les sciences positives mêmes, hypothèses nécessaires, mais indémontrables ; ex. : l'éther, milieu de transmission pour les ondulations lumineuses et caloriques des astres jusqu'à nous).

e) Comment discuter, pour le résoudre dans un sens ou dans l'autre, le problème de l'absolu, si l'absolu est une « pseudo-idée », c'est-à-dire rien ? « *L'idée de l'absolu* est présente à l'esprit, non en tant que rien, mais en tant que *quelque chose* » (Mill, Spencer, qui distinguent justement une idée *inconnaissable* d'une idée *inconcevable*). Nous n'en avons qu'une notion partielle et fragmentaire, mais comme telle réelle cependant.

B. **Relativisme criticiste ou subjectif.** — Formule : « Nous ne pouvons rien connaître absolument », c'est-à-dire tel qu'il est en soi. Toute connaissance se fait par l'esprit : si notre esprit était fait autrement, la connaissance serait autre ; de plus nous ne pouvons sortir de notre esprit, nous transporter dans les objets eux-mêmes (contradiction dans les termes) : nous ne connaissons les objets que par leurs *relations* avec le *sujet*, ou l'esprit (Kant).

— CRITIQUE : Il faut distinguer la connaissance *sensible* et la connaissance *rationnelle*.

1º La connaissance *sensible* est relative, en ce sens que nous connaissons les choses par l'*intermédiaire* de nos *sensations* ; mais il y a, dans la connaissance sensible même, des *éléments absolus* (conscience de nos sensations telles quelles, connaissance de l'ordre dans lequel elles se succèdent, croyance à une correspondance ou à une relation entre l'ordre de nos sensations et l'ordre de la réalité).

2º Ces *éléments absolus* de la connaissance sensible sont des *principes rationnels* (temps, causalité); or selon les criticistes, la connaissance rationnelle est, elle aussi, relative : notre raison pourrait nous fournir d'autres notions, d'autres principes.

— Réponse : La doctrine de Kant est contradictoire sur ce point. Les *phénomènes* par lesquels les choses se manifestent en nous, correspondent, dit-il, à des *noumènes* (choses en soi) *inconnaissables*. Il faut bien pourtant que la nature des noumènes soit *connue* du moins en partie : car ils sont objectivement les *causes* des phénomènes, et les *substances* auxquelles les phénomènes sont rapportés, ou ils ne sont rien ; puisque Kant affirme leur réalité, c'est que deux au moins des principes de la raison (substance et cause) ont une portée absolue ou objective. Donc *quelque chose* au moins de la nature des objets peut être *connu absolument*.

Relativisme

I. *Relativisme objectif* (A. Comte).

Formule : « Nous ne pouvons rien connaître d'absolu ».

Discussion :
- a) La raison a, *en fait*, l'idée d'absolu.
- b) Toute *relation* n'est pas *dépendance* ; relatif est ici *conditionné*, absolu = *inconditionnel*.
- c) Relatif inconcevable sans l'absolu.
- d) Absolu, au moins hypothèse nécessaire pour expliquer le relatif.
- e) « L'absolu est présent à l'esprit, non en tant que rien, mais en tant que quelque chose » (Spencer).

II. *Relativisme subjectif* (Kant).

Formule : « Nous ne pouvons rien connaître absolument ».

Discussion :
- 1° Connaissance sensible : relative, mais suppose des éléments absolus ou rationnels (temps, cause), dont elle dépend.
- 2° Connaissance rationnelle : noumènes (choses en soi) non totalement inconnaissables, ils sont objectivement (non seulement dans l'esprit) substances et causes pour expliquer les phénomènes.

CHAPITRE III

L'IDÉALISME, ET LA VALEUR OBJECTIVE DE LA CONNAISSANCE

L'origine du scepticisme et du relativisme semble être l'impossibilité pour l'esprit d'atteindre une réalité extérieure autre que lui-même. L'idéalisme n'admet qu'une seule espèce de réalité :

a) Ou la réalité externe n'existe pas, en dehors des *représentations* et des *idées* de notre *esprit* (idéalisme subjectif, Berkeley, Fichte, Hume et Mill) ;

b) Ou les choses existent *hors de l'esprit* comme des réalités immatérielles ou idéales, *analogues à l'esprit*, avec des lois semblables aussi à celles de l'esprit (idéalisme objectif, Platon, Leibniz) (1).

A. Idéalisme subjectif ; position de la question Réalité du monde extérieur. — La négation de la réalité extérieure a trois degrés :

a) Négation de l'existence objective des *corps* ;

---

(1) Nous n'avons pas à parler ici : de l'idéalisme transcendental de Kant, qui est un *relativisme* (chap. précédent), ni de ceux de Schelling (idéalisme objectif), et de Hégel (idéalisme absolu), dont les difficultés dépassent les limites de l'enseignement moyen dans la classe de philosophie.

b) Négation de la réalité objective de la *matière* ;

c) Négation de *toute réalité extérieure* quelconque.

— Discussion : *a)* Il est vrai que la réalité des *corps* n'est pas objectivement telle que nous la percevons : la connaissance des choses extérieures est « l'acte commun du sentant et du senti » (Aristote). L'esprit *élabore* les *sensations* pour en faire une *connaissance* sensible (preuve : les erreurs des sens).

b) Nous n'avons pas davantage une intuition adéquate de la *matière* (chaleur, lumière, pesanteur, son, qualités scientifiques de la matière, connues par l'intermédiaire de nos sensations).

c) C'est sur le troisième point (négation de *toute* réalité extérieure) que porte la discussion.

Idéalisme de Berkeley, Fichte, Hume et Mill. — Tout idéalisme subjectif résout la connaissance sensible en sensations purement *subjectives*.

1° *Berkeley* : « *Esse est percipere* (l'esprit) *aut percipi* » (les sensations) : pas d'autre réalité extérieure que Dieu cause de nos sensations dans nos esprits.

2° *Fichte* : Le « non-moi » n'est que la partie inconsciente du moi : la réalité subjective, qui est la seule, se partage en deux régions, l'une claire, illuminée par la *conscience* et organisée par la volonté, l'autre obscure, *sans conscience* ni volonté. La connaissance est la conquête progressive de la partie obscure du moi par la conscience et la volonté.

3° *Hume* et *Stuart Mill* : Le monde n'est qu'une

« possibilité permanente de sensations » : les sensations antérieurement éprouvées peuvent toujours redevenir actuelles, et cette possibilité idéale constitue toute l'apparente réalité du monde

Discussion de ces doctrines. — 1° Réponses à Berkeley :

a) Dieu ne peut être à la fois l'Etre parfait, éternel, immuable, un (affirmé par Berkeley), et la cause de nos sensations, changeante, multiple, soumise à la loi du temps : le *dédoublement* de la nature divine est *inintelligible* et contradictoire.

b) La partie de Dieu cause de nos sensations jouerait le rôle du *monde extérieur* lui-même.

c) Les autres esprits existent : comment puis-je le savoir, sinon par l'intermédiaire de mes *sensations* (vision de *gestes*, audition de *paroles*, etc.) ? Si Berkeley admet (et il l'admet) la réalité objective des esprits se manifestant à moi par ces sensations, pourquoi ne pas l'admettre aussi pour les animaux et les plantes ? par cette contradiction rentre toute la *réalité du monde extérieur.*

2° *a)* Le *dédoublement* du *moi* (Fichte) n'est pas plus intelligible que le dédoublement de Dieu (Berkeley) : si le moi est la *seule réalité*, comment et pourquoi ici apparaît-elle sous l'aspect illusoire d'une *dualité* ?

b) Le non-moi idéal de Fichte joue à l'égard du moi proprement dit conscient le *même rôle* qu'un non-moi réel *objectif*; puisqu'il fait obstacle au moi conscient, il est autre que lui.

c) D'ailleurs les « *moi* » sont *différents* (tournure

d'esprit, habitudes, etc.) : comment expliquer l'*accord* invariable des *sensations* entre les différents « moi » dans les mêmes circonstances, sans l'existence indépendante du non-moi ?

3º Réponses à Hume et Mill. *a*) La *possibilité permanente* de réapparition pour nos sensations antérieures ne s'explique que s'il y a une cause durable qui la fonde et la *garantit*, c'est-à-dire une *réalité extérieure*.

b) Certaines *sensations pénibles* seraient *évitées* par nous pour l'avenir ; si elles reparaissent, c'est que leur cause est indépendante de nous.

— Le principe de *causalité* est donc le fondement de la réalité extérieure (Cousin), distincte de Dieu et distincte de nous.

B. **Idéalisme objectif.** — On appelle ainsi toute doctrine affirmant la réalité du *monde*, et concevant les choses extérieures comme *analogues au moi*. La seule réalité connue intuitivement est le moi ; puis par analogie, nous concevons d'autres êtres plus ou moins semblables au moi, et dont les manifestations sont régies par des lois correspondant aux lois de notre esprit (causalité, substance, identité...) : d'abord pure hypothèse, bientôt confirmée par les faits, et qui rend le mieux compte de la connaissance objective.

Les deux formes principales sont : la théorie des idées de *Platon* (réfutée sous sa forme intégrale en psychologie, voy. : chapitre de la généralisation), et le dynamisme monadiste de *Leibniz*.

Théorie de la valeur objective de la con-

naissance : réalisme métaphysique. — Trois solutions principales proposées au problème de la valeur objective de la connaissance : empirisme, relativisme criticiste, réalisme métaphysique de Leibniz.

1° *Empirisme* : l'esprit est tout d'abord une « table rase », une *page blanche*, sur laquelle l'expérience sensible vient peu à peu tracer les connaissances.

— Critique. Cette explication suppose deux choses :

a) L'*esprit* est *capable a priori* de recevoir de la nature ses diverses connaissances ;

b) La *nature* est *intelligible* (formée par la pensée de Dieu, et susceptible d'être pensée par l'esprit de l'homme) : donc *harmonie préétablie* nécessaire entre le monde intelligible et l'intelligence capable de le comprendre.

2° *Criticisme* (Kant) : doctrine inverse. L'esprit a en soi des lois (notions et principes *a priori*), qu'il projette, en quelque sorte, sur les apparences des choses révélées par les sensations, comme une lumière dont il est la source. Le *monde* est *intelligible* parce que l'*intelligence* le façonne d'après ses lois.

— Critique : Si le monde n'est pas par soi susceptible d'être connu par l'intelligence destinée à le percevoir, il ne sera jamais connu : il faut qu'il y ait, ici encore, une correspondance ou *harmonie préétablie* entre les lois des choses et les lois de la pensée.

3° La meilleure solution possible au problème de la valeur objective de la connaissance est donc la conception d'une *destination mutuelle* de la *pensée humaine* à l'*univers* et de l'univers à la pensée humaine, faits l'un pour l'autre parce qu'ils ont une cause commune : Dieu, qui a établi les relations constantes entre les lois de l'une et celles de l'autre (*harmonie préétablie*, Leibniz).

Il faut, pour cela, supposer entre la *nature* et l'*esprit* une *analogie de nature,* car les mêmes lois ne régiraient pas des réalités complètement étrangères.

LIVRE II

ONTOLOGIE. ESSENCE DES ÊTRES CRÉÉS
PROBLÈME DE LA SUBSTANCE

LIVRE II

ONTOLOGIE. ESSENCE DES ÊTRES CRÉÉS PROBLÈME DE LA SUBSTANCE

De la nature en général. — La nature ou l'univers est *l'ensemble des êtres créés*. On y distingue :
a) Les êtres inorganiques (*matière*) ;
b) Les êtres *vivants* (plantes, animaux) ;
c) L'*âme* pensante.
L'étude de l'essence de la matière et de la vie forme la *cosmologie rationnelle*, celle de l'essence de l'âme est la *psychologie rationnelle*.

CHAPITRE I

A. COSMOLOGIE RATIONNELLE GÉNÉRALE

Division des questions. — La cosmologie rationnelle doit résoudre d'abord deux questions préliminaires : nature de *l'espace* et du *temps*, nature des *lois* qui régissent le monde des corps inanimés ou vivants.

1° **Espace et temps ; leurs caractères.** — L'espace et le temps, considérés soit comme lois de l'esprit, soit comme lois des choses, sont *universels*, *nécessaires* ; envisagés spécialement comme lois des choses, ils sont de plus *continus et indéfinis*.

Théories sur la nature de l'espace et du temps. — *a*) *Théories objectivistes* (*Clarke et Newton, Descartes*).

α) *Clarke et Newton*. Le temps et l'espace sont infinis ; or Dieu est l'Etre infini ; donc, comme il ne peut y avoir plusieurs infinis, ils sont les attributs de Dieu.

— Réponses : Il y a d'abord *confusion* de l'*infini* (exclusif de l'idée de limites), et de l'*indéfini* (possibilité d'accroissement ou de diminution de quantités sans limite assignable).

Ensuite, tout ce qui est dans l'espace et dans le temps serait en Dieu (*panthéisme*) (1).

β) *Descartes*. L'espace et le temps sont des modes inséparables des choses (confondus avec l'*étendue* et la *durée*).

— CRITIQUE : Toute durée et toute étendue sont *finies* ; ajoutées les unes aux autres un nombre de fois forcément *fini*, elles ne nous donneraient jamais le temps et l'espace *indéfinis*.

b) *Théorie subjectiviste (Kant)*. L'espace et le temps sont les formes *a priori*, purement *subjectives*, de la connaissance sensible ; il n'y a point de temps et d'espace objectifs.

— RÉPONSE : Comment dès lors le temps et l'espace peuvent-ils s'appliquer invariablement aux *phénomènes* par lesquels les *choses* se manifestent à nous? la docilité constante des phénomènes à l'application de ces lois ne s'explique que si les choses sont régies *objectivement* par des *lois* correspondant à ces notions.

c) *Théorie mixte de Leibniz*. Elle ressemble en un sens à la théorie de Kant, puisque l'espace est « l'ordre des coexistences possibles » et le temps « l'ordre des successions possibles » ; mais elle *n'est pas*, comme celle de Kant, *toute subjective*. Il faut, en effet, avoir perçu des successions ou des coexistences de faits pour arriver à en concevoir la possibilité indéfinie. Mais la simultanéité ou la succession en elles-mêmes ne peuvent être des inventions de

(1) Discuté plus loin, à la fin de la Théodicée.

l'esprit : il y a donc un *élément objectif* dans la doctrine de Leibniz.

d) Théorie de Spencer. Impossibilité de réduire l'espace au temps, et inversement. L'empirisme, faisant tout venir de l'expérience, ne peut distinguer par leur origine ces deux notions : la différence n'existerait qu'ultérieurement dans la conscience. Spencer a voulu *réduire l'espace au temps* : la *coexistence* est une *succession* dont les termes peuvent être *intervertis* à volonté.

— CRITIQUE : α) Objectivement la doctrine n'est pas soutenable, car ce serait *nier* toute *coexistence* possible de deux objets ou de deux phénomènes ; subjectivement il faut au moins qu'il y ait *dans la conscience coexistence* de deux phénomènes, l'un antécédent, l'autre conséquent.

β) *L'espace* a *trois dimensions* ; la conception de la succession dans le *temps* est une représentation linéaire, donc à *une seule dimension*.

— On ne peut davantage concevoir le *temps dérivé de l'espace*. α) On se représente la *durée* comme une *ligne* le long de laquelle s'échelonnent les événements, mais c'est une simple analogie : la succession ne peut se réduire à la coexistence, la durée à l'étendue, car l'une des notions *exclut* l'autre.

β) Le *temps* est la condition d'existence des événements *abstraits* ou des êtres *immatériels* ; l'espace est la condition d'existence des êtres *matériels*.

γ) L'idée de *temps* nous est donnée dans la *conscience*, l'idée d'espace préside à la *perception* du monde extérieur.

2° Des lois de la nature ; leur contingence.

— En présence des phénomènes naturels, l'esprit recherche toujours instinctivement les *rapports* constants de *causalité* qui les relient, c'est-à-dire les *lois*. Subjectivement ce sont les principes de causalité et de finalité qui servent à les former mais objectivement quelle est la nature de ces lois ?

D'abord il y a des lois dans la nature, correspondant à la conception que nous nous en formons dans l'esprit (harmonie préétablie).

Mais ces lois sont-elles *nécessaires* (matérialisme et panthéisme) ou *contingentes* (établies par la volonté libre de la Cause créatrice) ?

α) *A priori*, les lois de la nature nécessaires pourraient se déduire d'une loi nécessaire unique ; or la seule loi absolue et nécessaire est le principe d'identité : « Ce qui est, est ». Mais y a-t-il quelque chose ? et pourquoi ? Le principe d'identité ne permet pas de résoudre ces deux questions essentielles tout d'abord.

β) *A posteriori*, la nature existe comme cause de nos sensations, et elle-même a une cause, Dieu ; mais elle pourrait ne pas être, ou être autrement (*contingente*) ; elle a déjà changé, dès lors, si « les lois sont les rapports qui dérivent de la nature des choses » (Montesquieu), les choses étant contingentes, leurs rapports le sont aussi. La fixité des lois de la nature est donc relative, et cette nécessité apparente est une *contingence* ; car Dieu était et reste libre de ne pas faire la nature telle qu'elle est.

CHAPITRE II

B. COSMOLOGIE RATIONNELLE SPÉCIALE : LA MATIÈRE ET LA VIE

1º **Diverses théories sur l'essence de la matière.** — La conception vulgaire de la matière (les corps ayant les qualités objectives que nous percevons) fait place métaphysiquement à des tentatives d'explication plus profondes.

a) Démocrite, Épicure, Lucrèce : La matière est composée d'*atomes* ou particules *insécables*, étendues et pesantes ;

b) Descartes : L'essence de la matière est l'*étendue* géométrique avec l'infinité des mouvements qui la parcourent ; le *point* géométrique, *simple* parce que inétendu, remplace l'atome étendu de Démocrite.

c) Leibniz montre que l'*étendue continue* n'est pas une substance, mais une *construction abstraite* de l'esprit ; les éléments simples et inétendus composant la matière sont des *forces*.

Donc, deux groupes de théories: théories *mécanistes* (mécanisme atomiste ou matérialisme ; mécanisme géométrique ou idéaliste de Descartes) ; théories *dynamistes* (monadisme leibnizien).

Discussion de ces théories. — *a)* Les *atomes* composant la matière sont *réels*, mais *non simples*, car étendus ils ne sont pas réellement indivisibles ;

b) La doctrine de Descartes a un inconvénient inverse : le *point* géométrique, générateur de toutes les étendues, est *simple*, mais *abstrait* ;

c) Le *monadisme* semble satisfaire davantage aux données du problème. La *monade* (force simple) est *immatérielle* et *indivisible*, et *réelle* puisque *résistante*.

— CRITIQUE : Comment construire des réalités matérielles étendues avec des éléments immatériels et inétendus ?

— RÉPONSE : C'est supposer que l'étendue est l'essence de la matière, théorie qui fait évanouir toute réalité matérielle : le point est simple, mais tout idéal, et l'étendue que nous attribuons à un corps est une pure construction de notre esprit. Son apparente continuité n'est qu'une *discontinuité* (preuve : élasticité et compressibilité des corps) : les éléments simples qui le composent doivent être immatériels, sous peine de retomber chacun sous la loi de compressibilité, ce sont justement les monades de Leibniz.

2° **Diverses théories sur la nature de la vie, et discussion.** — Elles peuvent se ramener à deux types différents : ou la vie est un *résultat* de la combinaison des éléments matériels (organicisme ou matérialisme) ; ou la vie est un *principe* spécial et une *cause* (vitalisme, animisme).

a) Organicisme. Le corps d'un vivant résulte de

combinaisons physico-chimiques, dans certaines conditions spéciales de complexité pour les combinaisons d'éléments composants.

Critique. α) C'est un cercle vicieux : les éléments physico-chimiques ne forment les combinaisons qui seront les organes que si un *principe* préside à ces combinaisons ; un organe ne fonctionne que s'il est vivant, et de même les éléments organiques qui le composent (cellules musculaires, nerveuses, etc.). Un pur mécanisme aveugle n'explique pas les combinaisons des éléments dans l'être vivant, et son adaptation spontanée et invariable au milieu.

β) Si la vie résulte de combinaisons d'abord inorganiques, on doit pouvoir constater la *transformation* de la matière inorganique en *matière vivante.* Or Pasteur a démontré qu'il n'y a pas de « générations spontanées » ; et il est impossible de construire artificiellement dans un laboratoire des éléments vivants avec des éléments inorganiques (*synthèse chimique,* Berthelot).

b) Vitalisme. Le vitalisme subordonne le fonctionnement organique à un principe immatériel d'organisation (principe vital, école de médecine de Montpellier) (1).

Critique. Le vitalisme renferme plus de vérité que l'organicisme : la vie n'est pas un résultat, c'est une cause, un principe immatériel ; mais il est difficile d'admettre en nous une âme vitale, distincte de

---

(1) L'école de médecine de Paris (Charcot) défend en général l'organicisme.

MÉTAPHYSIQUE

l'âme pensante. Chez les animaux et les plantes, l'âme est le principe d'organisation (ψύχη, Aristote); mais dans l'homme si la vie organique et la pensée ont deux principes différents, il y a *séparation* entre la *vie physiologique* et la *vie mentale*, et l'unité du « tout naturel » (Bossuet) est compromise.

c) *Animisme.* C'est pourquoi l'animisme fait de l'âme à la fois le principe de la vie (*anima*) et le principe des faits psychologiques (*animus*).

Critique On a fait deux objections principales :

α) Nous n'avons aucune *conscience* de cette direction de l'organisme par l'âme (faculté motrice, Aristote).

β) L'âme serait *répandue dans tout le corps* et aurait ainsi une nature *matérielle.*

Réponses : α) Nous n'avons pas conscience de l'action vitale de l'âme, mais beaucoup de faits mentaux réels en nous ne sont pas non plus conscients.

β) L'âme n'est pas *cause efficiente* de la vie organique, mais *cause finale* (Aristote) ; elle n'actionne pas mécaniquement les organes, elle détermine leurs mouvements par une sorte d'attraction idéale ; les monades inférieures (corps) sont faites pour rendre possibles les fonctions de l'âme ; leurs actes tendent vers cette monade supérieure comme vers leur fin.

Divers systèmes sur la vie

1° **Organicisme** { La vie est la résultante des organes.
   Réponses {
   1. L'organe pour fonctionner est déjà vivant.
   2. Le *consensus* des organes n'est pas expliqué.
   3. Il n'y a pas de générations spontanées.
   4. La « synthèse chimique » ne peut construire la vie.

2° **Vitalisme** { La vie résulte d'un *principe vital*.
   Réponses {
   1. Quelle différence avec l'âme ?
   2. Séparation trop absolue de la vie du corps et de la vie psychologique.

3° **Animisme** { L'âme est à la fois le principe de la vie organique (*anima*), et celui de la vie psychologique (*animus*).
   Arguments { Conscience vague de la vie du corps.
   Complexité de la vie organique et complexité de la pensée, en raison directe.

CHAPITRE III

PSYCHOLOGIE RATIONNELLE

Ordre des questions. — La psychologie rationnelle comprend deux questions : *nature* de l'âme, *destinée* de l'âme (1). La première elle-même se subdivise : *distinction* de l'âme et du corps, *union* de l'âme et du corps.

a) **Distinction de l'âme et du corps.** — Deux doctrines opposées : le *matérialisme*, au sens étroit, nie la nature distincte de l'âme, et l'identifie avec le corps (2) ; le *spiritualisme* établit la distinction entre ces deux éléments de l'être humain.

Arguments du matérialisme, et discussion. — α) L'*âme* ne tombe pas sous le contrôle des *sens*, donc elle n'existe pas (Broussais) ;

β) Les faits d'ordre mental n'existent qu'avec le *cerveau*, et varient suivant les états du cerveau (localisations cérébrales) ;

---

(1) Nous traiterons de la destinée de l'âme à la fin de la métaphysique, avec le problème de la fin ou destinée des êtres créés.

(2) Au sens large, doctrine qui n'admet d'autre réalité que la matière, source de toutes les formes d'existence.

γ) Les analogies tirées de la physique moderne permettent de supposer la *transformation* possible des *mouvements cérébraux* en *faits de conscience*, comme le mouvement se transforme en chaleur, lumière, son, etc.

Réponses : α) L'observation sensible n'est pas le seul mode de connaissance ; les faits de l'âme sont connus en effet par la seule *conscience* directement, la question est donc de savoir si la *conscience* est un fait distinct, ou peut se ramener au *mouvement*, ce qui réduit le premier argument au troisième.

β) La *concomitance* constante de la conscience et du cerveau ne prouve nullement que le cerveau soit la *cause* de la conscience. — D'une part, il n'y a pas de *proportion* invariable entre la forme, le poids, le volume, la constitution chimique, la densité, etc., du cerveau, et les états de conscience. — Ensuite les *localisations cérébrales* n'ont rien d'absolu ; certaines fonctions mentales peuvent reparaître malgré la persistance de la lésion cérébrale qui en a déterminé la cessation (*fonction vicariante*). — Enfin le *parallélisme* supposé invariable des modifications cérébrales et des faits de conscience pourrait s'expliquer aussi bien par l'hypothèse spiritualiste (*cerveau instrument de l'âme*).

γ) Les analogies tirées de la physique (transformations du mouvement) reposent sur une équivoque. Les phénomènes physiques *objectivement* se ramènent au mouvement (équivalent mécanique de la chaleur) ; mais le *mouvement* ne saurait devenir lumière, son, etc., si l'on entend par là nos *sensa-*

tions ; les faits psychologiques ont des qualités toutes différentes de celles des phénomes physiques et physiologiques (1).

Spiritualité de l'âme.— Thèse : L'âme humaine est un *esprit*, c'est-à-dire une réalité distincte de la réalité corporelle. Trois preuves : *unité* de l'âme, *identité* de l'âme, *volonté libre*.

α) Par la réflexion l'*âme* s'aperçoit comme une réalité *une* et simple : tous les faits d'ordre mental le prouvent. La *sensation* est comme un seul écho, dans la conscience, d'une multiplicité de modifications organiques ; l'*association*, la *comparaison*, sont des réductions de la multiplicité à l'unité. — Le *corps*, au contraire (donc le cerveau) est *formé de parties* : la conscience ne pourrait être répartie dans les molécules cérébrales sous peine de perdre cette unité.

Conception phénoméniste du moi, et discussion. — L'empirisme fait du moi une *collection d'états de conscience* (Hume, Condillac, Taine, Ribot...)

CRITIQUE. — D'abord comment les *phénomènes* destinés à former ultérieurement la collection *se produiraient-ils* chacun individuellement ? il n'y a pas plus de *génération spontanée* dans la vie psychologique que dans la vie organique.

Ensuite comment expliquer leur *groupement* ? l'association, réduction d'une pluralité à l'unité, ne peut s'opérer d'elle-même. Les *phénomènes* ne s'as-

---

(1) Voy. Psychologie, *Préliminaires*, chap. I.

socient pas, ils *sont associés* et réunis par l'acte unifiant de la conscience, lequel implique nécessairement l'*unité* du moi. — Stuart Mill lui-même en convient : « Il y a quelque chose de réel dans ce lien (le moi), réel comme les sensations, et qui n'est pas un simple produit des lois de la pensée, sans rien qui y corresponde ».

β) Seconde preuve de la spiritualité : l'âme est *identique*, reste le même être malgré ses modifications (habitudes, caractère, etc.). Preuves : la *mémoire* (identité du moi, condition du souvenir) ; *opérations intellectuelles* (éléments du jugement, du raisonnement, groupés dans et par un même sujet) ; *responsabilité* morale (imputation d'un acte au même sujet qui en a été antérieurement l'auteur).— Or le *corps change*, sa substance se renouvelle (tourbillon vital, Cuvier) ; sa forme, il est vrai, subsiste, mais cette identité de forme de l'organisme n'existe que parce que le principe de la vie (l'âme) reste identique.

γ) L'âme a une *spontanéité libre* ; le *corps* est soumis aux lois fatales du *mécanisme* physico-chimique, or jamais de ce mécanisme ne peut sortir la liberté, source de l'art, de la science, de la moralité.

δ) La *conception des idées morales et métaphysiques*, à cause de leur nature spéciale, ne peuvent être le produit du mécanisme matériel.

Spiritualisme dualiste ; spiritualisme moniste. — Le spiritualisme dualiste reconnaît *deux substances* absolument distinctes dans l'être humain (*res extensa* = le corps, *res cogitans* = l'âme) ; le spiritualisme moniste n'admet qu'*une* sorte de *substance* immatérielle, la *force*, avec des différences de degrés seulement, non de nature, dans un être humain, entre les nomades inférieures qui composent le corps, et la nomade supérieure qui est l'âme.

b) **Théories sur l'union de l'âme et du corps, et discussion.** — Au point de vue du *spiritualisme dualiste* : α) Hypothèse d'*Euler* (*influx physique*) ; elle n'explique rien, car elle *énonce* simplement le *fait* d'une influence réciproque du corps sur l'âme et de l'âme sur le corps.

β) *Descartes.* Les *esprits animaux*, vapeurs du sang, montent du cœur au cerveau, et agissent sur l'âme, logée dans la glande pinéale. — Mais comment les esprits animaux, agents *matériels*, agissent-ils sur l'*âme*, et comment l'âme immatérielle réside-t-elle dans une partie du cerveau ?

γ) *Malebranche.* Le corps et l'âme, substances séparées, ne peuvent avoir de communication réelle ; Dieu produit dans le corps des modifications, qui sont l'occasion de modifications correspondantes dans l'âme, et réciproquement (*causes occasionnelles*). — CRITIQUE : Dès lors, aucune communication réelle entre le corps et l'âme, et doctrine *fataliste* (1).

δ) *Cudworth*, médecin anglais. Hypothèse du *médiateur plastique*, sorte d'âme du monde qui, sous la direction de Dieu, est la cause organisatrice des corps vivants. — Hypothèse vague et trop générale ici.

(1) Voy. *Psychologie*, liv. III, chap. III.

— Le *spiritualisme moniste* propose une tout autre explication. Toute réalité est force ; le corps est un assemblage de forces inférieures, l'âme est une force supérieure (intelligence et liberté) : les forces immatérielles ne peuvent agir mécaniquement les unes sur les autres, il y a seulement *harmonie préétablie* par Dieu dès l'origine entre les états respectifs des diverses forces (Leibniz).

CRITIQUE : Explication déterministe et fataliste.

RÉPONSE : Non, si l'on rapproche cette doctrine de celle d'Aristote (âme cause finale du corps, mouvements du corps produits pour préparer la réalisation des fins de la vie spirituelle).

LIVRE III

THÉODICÉE
PROBLÈME DE LA CAUSE

LIVRE III

THÉODICÉE
PROBLÈME DE LA CAUSE

Objet et division. — Le mot *théodicée* (Leibniz) signifie *justification de Dieu* (Θεοῦ δίκη), et par extension, depuis, démonstration de l'*existence* et des *attributs* de Dieu : ce sont les deux problèmes de la théodicée proprement dite. A propos des attributs divins, arrive la discussion du *panthéisme* qui nie la *personnalité* de Dieu.

La *théodicée*, qui relève de la raison, se distingue de la *théologie*, qui relève de la révélation.

A discuter d'abord les doctrines qui nient l'existence de Dieu : *matérialisme, transformisme, évolutionnisme, dualisme*.

CHAPITRE I

MATÉRIALISME, TRANSFORMISME, ÉVOLUTIONNISME, DUALISME

a) **Matérialisme, et discussion**. — Entendu au séns large, c'est la seule doctrine qui, logiquement et nécessairement, exclut Dieu : la matière, existant éternellement par soi, engendre d'elle-même toutes les formes d'êtres, par une graduelle ascension, corps inanimés, plantes, animaux, homme (Démocrite, Epicure, Lucrèce, Hobbes, Helvétius, Vogt, Büchner, Moleschott).

CRITIQUE. — Preuves physiques de l'existence de Dieu (chapitre suivant).

Le matérialisme a envahi ultérieurement le transformisme, qui n'est pas par lui-même une doctrine athée, et l'évolutionnisme, pour les faire servir à sa démonstration.

b) **Transformisme, et discussion**. - Lamarck (*Philosophie zoologique*, 1809), Darwin (*Origine des espèces*, 1859), Wallace, E. Perrier, etc. : Les diverses espèces animales descendent, par des transformations progressives, d'un très petit nombre de types simples, sous l'influence du *milieu*, du *besoin*, de l'*habitude* (Lamarck), et en outre de la *sélection naturelle* (Darwin), dont les facteurs sont la *concurrence vitale* (survivance des plus aptes), la *divergence des caractères* (favorisée par les cataclysmes et les migrations). Les arguments secondaires sont la présence d'*organes rudimentaires*, la succession des phases de transformation manifestée dans la *série paléontologique* et reproduite dans le *développement embryologique* de chaque *individu* chez les espèces inférieures, les *transitions insensibles* dans la série des formes vivantes.

CRITIQUE. — α) Le *milieu*, le *besoin*, l'*habitude* peuvent modifier, dans des conditions et des proportions variables, les organes, ils ne peuvent les *créer* : il faut donc une certaine constitution organique donnée à l'origine, donc une création. (Darwin).

β) La *sélection naturelle* et la *survivance des plus aptes* supposent un type préexistant, modèle dont se rapprochent les individus dans les générations successives : cela implique un plan préalable d'ordre à réaliser.

γ) La *persistance* supposée d'*organes rudimentaires* peut résulter d'une modification subie dans l'espèce même, et il y a des cas où le non-usage d'un organe n'a pas entraîné son atrophie.

δ) Le développement de l'*embryon* ne passe pas, pour tous les animaux, par tous les états du soi-disant ancêtre (Darwin).

ε) Contre l'argument tiré de la *série paléontologique* : certaines formes, très anciennes dans les couches fossilifères, ont subsisté ; et on ne retrouve pas, pour certaines filiations alléguées, les formes intermédiaires.

ζ) Les *transitions insensibles* favorisées par les croisements (mulet, léporide), restent problématiques, car les métis sont stériles.

— L'hypothèse du transformisme n'est nullement en soi exclusive de l'idée de création (Darwin), et il a été indûment annexé par le matérialisme (Hœckel).

c) **Evolutionnisme, et discussion.** — L'univers s'explique par le passage de l'*homogénéité* primitive (chaos) à l'*hétérogénéité* progressive, grâce à des *différenciations* et à des *intégrations* qui régissent les lois mécaniques : astres, minéraux, végétaux, animaux, pensée, vie morale et sociale, tout s'est formé ainsi (Ioniens, Spencer) (1).

CRITIQUE. — L'évolutionnisme de Spencer (éternité de la matière et organisation par soi) est bien logiquement une doctrine athée. Il faut de toute nécessité une Cause créatrice et organisatrice pour expliquer l'évolution elle-même.

d) **Dualisme, et discussion.** — Le dualisme (Anaxagore, Platon, Aristote), admet d'abord l'existence éternelle et par soi de la substance du monde, et la pensée organisatrice y met ensuite l'ordre : l'univers et Dieu seraient *coéternels*.

---

(1) Les Stoïciens et les Alexandriens sont aussi des évolutionnistes, mais ce sont avant tout des panthéistes (voy. chap. III).

CRITIQUE. — Non seulement l'*ordre* du monde est *contingent*, mais aussi son *existence* (Voy. preuves physiques de l'existence de Dieu), et elle suppose une Cause créatrice.

CHAPITRE II

A. DÉMONSTRATION DE L'EXISTENCE DE DIEU

Diverses sortes de preuves. — Trois groupes de preuves : physiques, métaphysiques, morales. Mais pourquoi *plusieurs preuves*? C'est que l'existence de Dieu ne peut nous être connue que partiellement (cause se manifestant par ses différents effets, donc à *divers points de vue*). Les preuves se complètent les unes les autres, et sont nécessaires les unes aux autres.

1° **Preuves physiques.** — *a) Contingence du monde* (Clarke). — Le monde est contingent, pourrait ne pas exister ou exister autrement, il n'a donc pas en soi sa raison d'être. Le matérialisme, qui donne au monde l'existence par soi, identifie le relatif (ensemble des relations entre les êtres) avec l'absolu (Clarke, Leibniz).

b) Nécesssité d'un premier moteur. — La matière est inerte et indifférente au mouvement : il faut donc une cause qui lui donne l'impulsion, un moteur qui communique le mouvement sans le recevoir (Aristote). Il faut une origine à la série des mouvements, car il ne peut y avoir une série de mouvements indéfinie (ἀνάγκη στῆναι, Aristote).

c) *Ordre ou finalité dans le monde* (*preuve téléologique*). (Socrate, Platon, Cicéron, Bossuet, Fénelon, Kant...).

« Tout système de moyens et de fins est l'œuvre d'une intelligence :

« Le monde est un système de moyens et de fins ;

« Donc le monde est l'œuvre d'une intelligence. »

Objections. — α) Descartes : les causes finales sont *inconnaissables* dans le *détail*.

RÉPONSE : On a abusé des causes finales, et souvent leur détail nous échappe ; mais nous en avons aussi de nombreuses *preuves indéniables* (les yeux faits pour la vision, les oreilles pour l'ouïe..).

β) Matérialistes et évolutionnistes : les causes finales sont *inutiles* où les *causes efficientes* et mécaniques *suffisent*.

RÉPONSE. — Le *mécanisme* n'exclut pas la *finalité*, il la postule, car tout *mécanisme* est *contingent*, et le hasard n'explique rien.

γ) Kant : Un système de moyens et de fins peut être l'effet d'une *cause instinctive*, ou d'une *pluralité de causes*.

RÉPONSE. — L'*instinct* est un cas de *finalité* ; plusieurs causes ne peuvent se combiner au *hasard* pour produire un système de moyens et de fins.

δ) La conclusion excède les prémisses : une cause intelligente du monde n'est pas nécessairement Dieu.

Réponse. — Si cette cause du monde n'est pas par soi, elle doit être créée, elle aussi. Il faut donc, de toutes manières, remonter jusqu'à une *Cause souveraine*.

Objections contre le créationnisme, et discussion. — α) La création implique des existences autres que Dieu, qui n'est plus dès lors infini et parfait.

Réponse. — Ces existences ne sont pas indépendantes de Dieu, puisqu'il leur a donné l'être, et qu'il veille sur elles (Providence).

β) La création *ex nihilo* est inintelligible.

Réponse. — Physiquement oui, non métaphysiquement ; c'est un mystère métaphysique, soit, mais Dieu étant souverainement bon, crée les êtres par amour, et son acte n'est ni contradictoire, ni impossible, puisqu'il est un don libre de l'être. D'ailleurs Dieu ne crée pas les autres êtres pour eux, mais pour lui-même. « *Ego sum alpha et omega* ».

2° **Preuves métaphysiques.** — *a) Preuve ontologique* (Saint-Anselme, Descartes, Leibniz). — L'idée de l'être parfait implique son existence réelle objective : car, si le parfait était seulement conçu, je pourrais concevoir une autre perfection qui, existant à la fois dans ma pensée et dans la réalité, serait la vraie perfection.

Réponse. — C'est là une *pétition de principe* : on suppose *a priori* que l'être parfait doit exister objectivement pour être la vraie perfection, et c'est ce qui est en question. De quel droit conclure d'une *idée*, déductivement, à la réalité de son *objet ?* (Kant).

Leibniz a modifié l'argument : Si l'être parfait est *possible*, il est ; car s'il était seulement possible, il faudrait pour devenir *réel* qu'il fût réalisé par l'acte d'une cause, il *dépendrait* donc de cette *cause*, et ne serait pas parfait.

b) Preuve cartésienne. Nécessité d'une cause objective à l'idée du parfait. — Je me sens, dit Descartes, imparfait (doute, erreur) : donc, j'ai d'abord en moi l'idée du parfait. Étant imparfait, je ne tire cette idée ni de l'analyse de l'idée de mon être, ni de celle des choses extérieures, imparfaites comme moi ; la seule cause de cette idée est un être parfait, réel hors de moi, ou Dieu.

Toute la valeur de cette preuve repose sur la nature vraiment *a priori* de l'idée de perfection (voy. *Psychologie*, liv. II, 1re section, chap. III).

c) Preuve platonicienne. Vérités éternelles (Bossuet, Leibniz). L'homme a dans son esprit des vérités éternelles (notions et principes de la raison) : elles ne peuvent s'expliquer en nous par une induction subjective (voy. Psychologie), il faut donc admettre une intelligence infinie où elles soient éternellement en acte.

3º **Preuves morales.** — *a) Consentement universel.* Tous les peuples ont toujours cru à l'existence de Dieu : « l'homme est un animal religieux » (de Quatrefages).

b) Aspirations de l'âme humaine. — La sensibilité aspire au bonheur parfait, l'intelligence à la vérité absolue... : ces aspirations ne peuvent se satisfaire dans la nature, elles ne s'expliquent que si Dieu existe, Perfection éternellement réalisée, vers laquelle tend tout notre être.

c) Vérités morales. — L'ordre moral a son origine en Dieu : Bien absolu, il est le législateur moral, d'où l'autorité de la loi morale, le devoir, les sanctions, etc.

Preuves de l'existence de Dieu

1° **Preuves cosmologiques** { Nécessité d'un premier moteur (Aristote).
Contingence du monde (Clarke).
Causes finales (Platon, Fénelon), et Raison suffisante (Leibniz).
Nature de l'âme humaine, intelligente et libre.

2° **Preuves métaphysiques** { Degrés d'excellence du vrai, du beau, du bien, qui supposent une beauté, une vérité, une bonté absolues.
Idée du parfait, par l'imperfection du moi (Descartes).
Existence des vérités éternelles (Platon, Bossuet, Fénelon).
Preuve ontologique (saint Anselme, Descartes, Leibniz).

3° **Preuves morales** { Consentement universel.
Nécessité d'un Législateur moral.
Preuve tirée du sentiment religieux, et des aspirations de l'âme humaine.

CHAPITRE III

B. ATTRIBUTS DE DIEU, MÉTAPHYSIQUES ET MORAUX

Diverses sortes d'attributs. — Dieu est donc l'Etre par excellence ; il a « une infinité d'attributs infinis » (Spinosa), dont nous connaissons, et encore partiellement, quelques-uns seulement : attributs *métaphysiques* (en tant qu'Être *absolu* et *infini*) ; attributs *moraux*, conception plus positive de Dieu en tant qu'être *personnel*.

1° **Attributs métaphysiques.** — Ils consistent à nier de Dieu tout ce qui est imperfection dans la créature, et à lui attribuer les perfections contraires : leur détermination procède par élimination.

a) Infinité (éternité, immensité) : ce sont là des attributs négatifs, signifiant que Dieu est indépendant du temps et de l'espace, qui sont les conditions d'existence des êtres créés et finis ; l'infinité se ramène donc ici à la nature absolue de Dieu.

b) Unité et simplicité. — Dieu, étant parfait, est un (deux absolus se limiteraient et se détruiraient), et sans parties (car une réunion de parties finies ne donnerait jamais l'infini, et l'idée d'une pluralité de parties infinies est contradictoire).

c) Nécessité. — Dieu est l'Etre nécessaire, existant par soi, car la contingence implique dépendance, donc imperfection.

d) Immutabilité. — Il est immuable, car le parfait n'est susceptible ni d'accroissement ni de diminution ; il est *l'acte pur* (Aristote), excluant tout changement, tout devenir.

2° **Attributs moraux.** — On les détermine en élevant à l'infini, pour les affirmer de Dieu, tous les attributs qui, dans les êtres créés, et surtout dans la nature humaine, offrent un certain degré de perfection : ils font de Dieu un être personnel (*bonté, intelligence, puissance*, infinies et parfaites).

Objections : Anthropomorphisme, nature finie de toute personnalité. Discussion. — *a)* C'est concevoir Dieu sur le modèle de l'homme.

Réponse. — Non, c'est l'homme dont la nature est faite « à l'image et à la ressemblance » de Dieu, comme l'effet porte en lui quelque chose de la cause.

b) Si Dieu est une personne, il est un être fini, distinct des autres.

Réponse. — Il ne suffit pas pour Dieu d'embrasser *tout l'être* dans sa nature (*quantité*), mais d'être le *meilleur* et le plus parfait (*qualité*). Il est ainsi la personne par excellence, modèle parfait de toutes les autres personnalités.

Le panthéisme ; ses différentes formes. — Le panthéisme ne reconnaît en Dieu que les attributs métaphysiques : Dieu est infini, il est le tout (τὸ πᾶν), il enferme toutes les formes d'existence, sinon il n'est plus infini.

Le panthéisme, un dans sa thèse essentielle, a deux formes principales : α) panthéisme *naturaliste* (Stoïciens, Spinosa), une seule substance dont les corps et les esprits sont les modalités ; — β) panthéisme *idéaliste* (Schelling, Hegel), l'unique réalité qui se diversifie en manifestations variées est de nature idéale.

Critique. — *a) Argument psychologique*. — La pluralité des consciences humaines individuelles est indéniable : or elle est incompatible avec la doctrine de l'unité d'être, et le témoignage de la conscience en chacun ne peut être méconnu par le panthéisme, puisque la conception même du panthéisme est donnée dans la conscience.

b) Argument métaphysique. — α) L'être unique et infini ne peut être identique avec les formes d'existence nécessairement finies, et en nombre fini à chaque instant de la durée, qui composent le monde. L'infinité de Dieu n'empêche pas qu'il y ait d'autres êtres, pourvu qu'ils soient créés par lui, et subordonnés aux lois qu'il leur assigne.

β) D'après le panthéisme, rien *n'est*, tout *devient* ; et, comme le développement de l'être est infini, il ne sera jamais ; au lieu de dire que l'être est partout, il faut dire qu'il n'est nulle part, car un perpétuel devenir est une pure abstraction.

c) Argument moral. — Le panthéisme est forcément fataliste : tout ce qui est, est nécessairement, pas de liberté, pas de moralité ; pas d'idéal moral, pas de distinction de bien en soi et de mal, ni vice ni vertu, etc.

LIVRE IV

TÉLÉOLOGIE. PROBLÈME DE LA FIN.

LIVRE IV

TÉLÉOLOGIE. PROBLÈME DE LA FIN

CHAPITRE I

RAISON D'ÊTRE DU MONDE. OPTIMISME ET PESSIMISME

Gouvernement du monde : la Providence.
— Il ne suffit pas que Dieu ait créé le monde (déisme), il le conserve et le gouverne par sa Providence (*création continuée*, Descartes).

1° **Doctrine contraire à la Providence : le pessimisme, et les diverses formes du mal.**
— Le mal existe dans le monde, le monde n'est pas l'œuvre de la Providence : car Dieu, infiniment puissant et infiniment bon, ne pouvait permettre le mal. (Problème du mal : *Si Deus est, unde*

malum ?) Le monde est donc *mauvais* par essence (*pessimisme*).

Plusieurs formes du pessimisme (il faut écarter le pessimisme individuel de certains poètes, Byron, Musset, Leopardi, Mme Ackermann, ce ne sont pas là des doctrines) : le bouddhisme, les doctrines contemporaines (Schopenhauer, Hartmann, Bahnsen).

Trois formes du mal : *métaphysique* (imperfections des êtres créés), mal *physique* (cataclysmes, souffrances, maladies, mort), mal *moral* (péché).

a) Le mal *métaphysique* est inévitable, Dieu ne pouvait créer que des êtres imparfaits.

Réponse : Oui, mais puisqu'il ne peut y avoir plusieurs perfections se limitant entre elles, Dieu pouvait s'abstenir de créer.

b) En effet le mal métaphysique est la source de tout mal : mal *physique*, mal *moral* ; l'imperfection de l'être se manifeste dans la souffrance, dans la mort, dans le péché.

Discussion. — α). La forme qui semble la plus révoltante du mal physique, c'est les *cataclysmes* de la nature, qui frappent les innocents comme les coupables. On répond qu'ils s'expliquent par les *lois de la nature* : mais pourquoi ces lois n'ont-elles pas été faites de manière à éviter les cataclysmes ? La vraie réponse est que Dieu les permet comme *épreuves collectives* dans l'humanité.

β) La *souffrance*, physique et morale, et la *maladie*, sont ou des *conséquences de nos actes* imprudents, ou des *épreuves* par lesquelles nous pouvons augmenter notre *mérite moral*. Toute douleur est un avertissement que notre destinée ne doit pas s'accomplir dans la vie présente, et que nous devons penser à l'autre vie, dont celle ci n'est qu'une préparation.

γ) Mais comment Dieu a-t-il pu permettre le *mal moral* ?

RÉPONSE : Dieu ne permet pas le mal moral, mais seulement sa *possibilité* : l'homme a la notion du bien obligatoire et le pouvoir de l'accomplir, il ne doit s'en prendre qu'à lui s'il fait le mal. La possibilité du mal est la *condition* du *mérite* et de la *vertu*.

δ) L'argument pessimiste de la *mort* est contradictoire : si la vie est une souffrance, la mort nous en délivre. Elle n'est pas redoutable en tant que passage à la *vie future*.

2° **L'optimisme.** — L'optimisme est la vraie réponse au pessimisme : il ne suffit pas de répondre que le monde est à la fois bon et mauvais, mais il faut dire qu'il est bon, et même le *meilleur possible* (*optimus*).

Optimisme relatif. Optimisme absolu. — *a*) Optimisme *relatif* (Bossuet, Fénelon) : le monde n'est pas le meilleur possible, mais il est assez bon pour être l'œuvre de Dieu.

RÉPONSE : Doctrine insuffisante, car contre l'existence du mal à quelque degré, reparaissent les objections du pessimisme.

b) Optimisme *absolu* (Leibniz) — α) Nous croyons pouvoir concevoir un monde meilleur que celui qui existe, parce que nous ne le comprenons pas bien.

β) L'idée d'un monde le meilleur possible ne détruit pas la *liberté* de Dieu, car Dieu a choisi avec une liberté et une *bonté* parfaites tout à la fois.

γ) L'idée du monde le meilleur possible n'exclut pas le *progrès moral* ; il n'est même le meilleur que parce que la *liberté* humaine a l'obligation de réaliser toujours plus complètement le bien. La liberté a ainsi une large part dans le développement et le *perfectionnement du monde,* et elle se rapproche toujours davantage de Dieu, modèle de l'absolue perfection.

CHAPITRE II

IMMORTALITÉ DE L'AME

La destinée de l'âme humaine ne s'achève pas dans la vie présente : c'est là, non pas un fait d'expérience, ni le résultat d'une démonstration, mais une croyance et une espérance, qui s'imposent à nous avec une nécessité morale.

a) **Preuve psychologique**. — Notre âme aspire au *bien*, à la *vérité*, à la *beauté* absolues ; tout notre être aspire à l'infini, est fait pour l'infini :

> *Borné dans sa nature, infini dans ses vœux...*

Il ne peut y avoir disproportion entre nos *aspirations* idéales et les *fins réelles* de notre être, et cet instinct ne peut être trompeur.

b) **Preuve métaphysique**. — Les corps se dissolvent, les éléments se séparent pour former d'autres combinaisons, et ainsi sans cesse ; l'âme, une et *simple*, est *incorruptible*, donc immortelle.

OBJECTIONS. — α) Cela ne prouve que l'immortalité *substantielle* (éternité de la substance dans le matérialisme et le panthéisme), et non l'immortalité *personnelle*.

β) L'âme pourrait périr par *anéantissement*.

Réponses. — α) L'immortalité substantielle est, en effet, insuffisante ; peu nous importe d'être immortels, si ce n'est en tant que *personnes*. D'où nécessité de compléter la preuve métaphysique par la *preuve morale*.

β) Au point de vue métaphysique seul, l'âme pourrait périr par anéantissement ; mais ce serait *contraire* à la *justice* et à la *bonté* de Dieu.

c) **Preuve morale.** — En effet la *sanction* (récompense ou châtiment) est *nécessaire* pour l'âme, mais la justice serait souvent en défaut, si l'âme ne devait pas *survivre* à son existence terrestre. La récompense définitive de l'âme humaine qui a fait le bien dans cette vie est d'être unie pour toujours à Dieu, principe de tout bien, fin souverainement désirable.

TABLE DES MATIÈRES

	Pages
Préface de la seconde édition	I

INTRODUCTION

Science et philosophie. Objet et divisions de la philosophie

I. — De la connaissance en général ; de la science	1
Conditions et caractères de la connaissance scientifique	1
La science et l'art	2
La science et les sciences	3
II. — Les sciences morales et la philosophie	4
Double objet de la philosophie : l'âme humaine, et Dieu principe de toute existence. Divisions de la philosophie	4
Synthèse des diverses définitions ; la philosophie « science de l'être »	5
Philosophie spéculative et philosophie pratique	5
Méthode de la philosophie	6
III. — Science et philosophie : divorce ou union nécessaire ?	7
Rapports généraux de la philosophie et de la science	7
Rapports spéciaux de la philosophie et des sciences, ou philosophie des sciences	8
Esprit scientifique ; esprit philosophique ; esprit de système	8
Ordre des questions en philosophie	9

PREMIÈRE PARTIE

PSYCHOLOGIE

Préliminaires

CHAPITRE I

Objet de la psychologie. Caractères propres des faits psychologiques

Deux conceptions, expérimentale et rationnelle, de la psychologie ; leur conciliation nécessaire.................................... 13
Caractères propres des faits psychologiques, distingués des faits physiologiques.. 14
Néanmoins union nécessaire de la psychologie et de la physiologie. Rapports du physique et du moral........................... 15

CHAPITRE II

Méthode de la psychologie

Procédés de la méthode en psychologie : observation, hypothèse, expérimentation, induction, classification............. 19
I. — Observation ; ses deux formes, subjective (conscience), objective.. 19
   A. Conscience spontanée et réfléchie............................ 20
   Objections contre l'observation intérieure, et discussion..... 20
   Degrés de la conscience ; problème de l'inconscient.......... 22
   a) Argument a *priori*, et discussion............................. 22
   b) Argument a *posteriori*, et discussion....................... 23
   Rôle de l'inconscient dans notre vie............................ 24
   B. Observation objective, complément nécessaire de l'observation subjective... 24
II. — De la place à faire à l'hypothèse en psychologie......... 24
III. — Expérimentation subjective et objective................... 25

A. Expérimentation subjective..................................... 25
B. Expérimentation objective...................................... 25
IV. — Du raisonnement en psychologie : induction (lois) et déduction.. 26
Impossibilité de la pure déduction, comme méthode de la psychologie.. 26

CHAPITRE III

Classification des faits psychologiques. Problème des facultés

V. — Rapports entre les lois et la classification en psychologie.. 29
Diverses classifications proposées................................ 29
Le problème des facultés ; dans quel sens il faut les admettre. 30
Objections contre les facultés, et discussion.................... 31

LIVRE I

La vie affective ou sensibilité

Définition de la sensibilité. Ordre des questions............... 35

CHAPITRE I

Le plaisir et la douleur. Les émotions

Nature et causes du plaisir et de la douleur.................... 35
1° Origine du plaisir et de la douleur dans l'intelligence ? Discussion... 36
2° Origine du plaisir et de la douleur dans l'activité.......... 36
Lois du plaisir et de la douleur................................. 37
Modes positif et négatif du plaisir et de la peine.............. 37
Sensations et sentiments.. 38
A. Théorie générale de la sensation. a) Préliminaires : description sommaire du système nerveux cérébro-spinal......... 38
b) Sensations affectives et représentatives..................... 39
c) Sensations internes et externes............................... 39

B. Sentiments ; leurs classifications.......................... 40
Différences et relations des sensations et des sentiments....... 40

CHAPITRE II

Etats dynamiques de la sensibilité : inclinations et passions

I. — Nature de l'inclination, distinguée du désir............... 42
Classification des inclinations................................ 42
Rôle des inclinations dans la vie humaine..................... 45
Irréductibilité des inclinations.............................. 46
II. — Les passions. Leur nature et leurs causes............... 47
Lois des passions... 48
Usage des passions.. 48
Rôle de la sensibilité.. 48

LIVRE II

La vie intellectuelle

Définition de l'intelligence, et divisions.................... 55

PREMIÈRE SECTION

FACULTÉS D'ACQUISITION

CHAPITRE I

Formation de l'idée de corps et perception du monde extérieur

Définition provisoire de la perception extérieure............. 57
Des cinq sens. Inutilité des sens commun, vital, musculaire... 57
Sensation et perception....................................... 58

Les sens et leurs organes.................................... 59
I. — Examen des diverses théories........................... 59
Connaissance immédiate et médiate, tout à la fois, de notre propre corps... 60
II. — Vraie définition de la perception extérieure : interprétation des sensations par l'entendement (principes de cause et d'espace)... 61
Localisation et signes locaux................................ 61
Perceptions primitives et acquises. Sensibles propres et communs... 62
III. — Erreurs de la perception 62

CHAPITRE II

Conscience du moi

Conscience réfléchie de soi ; ses caractères................. 64
Limites de la conscience..................................... 64
Caractères propres du moi, perçu par la conscience........... 65
Importance de la connaissance réfléchie du moi............... 66

CHAPITRE III

La raison. Notions de Substance par soi, de Cause première, d'Absolu, de Parfait, de Dieu

Distinction de la raison et de l'entendement................. 67
Notions fournies par la raison............................... 67
Rapports entre les notions fournies par la conscience, et les notions analogues données par la raison................. 68
Caractères des notions premières............................. 69
L'unité, l'identité.. 69
La substance... 70
La cause... 70
La fin... 71
Le vrai, le beau, le bien.................................... 71
Notions d'infini, d'absolu................................... 72
Notions de nécessaire et de parfait.......................... 73
De l'idée de Dieu.. 74

TABLE DES MATIÈRES

DEUXIÈME SECTION

FACULTÉS DE CONSERVATION

CHAPITRE I

L'imagination passive

Imagination reproductrice, imagination combinatrice............	76
I. — Imagination reproductrice ; ses rapports avec la sensation et avec la mémoire..	76

CHAPITRE II

La mémoire

Objet de la mémoire...	77
Fonctions de la mémoire ; réminiscence et souvenir............	77
I. — Conservation, expliquée par l'habitude physiologique........	77
Part de l'habitude psychologique dans la conservation.........	78
Lois de la conservation	78
II. — Rappel, spontané et volontaire.................................	78
III. — Reconnaissance. Sa nature ; théorie de Reid, et discussion.	79
Conditions de la reconnaissance.....................................	79
Loi du double contraste...	79
IV. — Localisation ; ses conditions..................................	80
Unité de la mémoire...	80
Qualités de la mémoire..	80
Éducation de la mémoire : mnémotechnie.........................	80
Utilité de la mémoire..	81
Maladies de la mémoire...	81

CHAPITRE III

L'association des faits psychologiques

Nature de l'association	82
A. Théorie anglaise : lois empiriques de l'association, ramenées à la contiguïté habituelle......................................	82

Discussion de la théorie anglaise..................................... 82
B. Théorie écossaise (Reid, D. Stewart)...................... 83
Rôle de l'association... 84
Abus de l'associationnisme.. 84

TROISIÈME SECTION

L'ACTIVITÉ CRÉATRICE DE L'ESPRIT : IMAGINATION COMBINATRICE

Nature et objet de l'imagination créatrice..................... 85
Analyse du travail de combinaison : dissociation, synthèse..... 85
A. Imagination créatrice spontanée............................ 85
Ses diverses formes, normales et anormales................... 86
B. Imagination créatrice réfléchie............................. 86
Son rôle dans la vie intellectuelle et morale................. 87
Le génie et l'inspiration.. 88
L'imagination et l'entendement.................................. 88

QUATRIÈME SECTION

FACULTÉS D'ÉLABORATION, OPÉRATIONS INTELLECTUELLES
ENTENDEMENT

Facultés d'élaboration, formes diverses de l'entendement...... 89
Leur objet ; leurs opérations.................................. 89

CHAPITRE I

L'attention et la réflexion. La formation des idées abstraites et générales

I. — Nature de l'attention Théorie empirique, et discussion.... 90
Ses diverses formes.. 91
Lois de l'attention.. 91
Son rôle à l'égard des diverses facultés....................... 91
II. — Nature et domaine de l'abstraction....................... 92
Abstraction spontanée et réfléchie............................. 92
Son rôle dans la vie intellectuelle et morale 92
Abus de l'abstraction.. 93

III. — Comparaison ; sa nature, distinguée de l'association..... 94
Conditions de la comparaison.................................. 94
Son rôle... 94
Importance de la comparaison................................... 95
IV. — Généralisation... 95
Idée générale et image composite............................... 95
Fondement rationnel de la généralisation....................... 96
Hiérarchie dans la généralisation ; extension et compréhension des concepts.. 96
Les cinq universaux.. 97
Diverses sortes d'idées générales.............................. 97
Différentes théories sur la nature et la valeur des idées générales.. 97
Importance de la généralisation................................ 100

CHAPITRE II

Le jugement et le raisonnement

V. — Définition du jugement.................................... 101
Matière et forme du jugement................................... 101
Jugement spontané, jugement réfléchi. Théories de Locke et de Cousin, et discussion.. 101
Classification des jugements................................... 102
Croyance ; ses rapports avec le jugement. Théorie empirique, théorie cartésienne, et discussion........................... 103
VI. — Nature du raisonnement................................... 104
Diverses sortes de raisonnement : induction, déduction, analogie.. 104
Théorie empirique du raisonnement : inférence du particulier au particulier, et discussion.................................... 105
Rôle du raisonnement dans la pensée............................ 106
Rapports et différences du raisonnement et de la raison........ 106

CHAPITRE III

Les principes de l'entendement ; leur développement et leur rôle

I. — L'entendement, source des vérités premières................ 108
De l'entendement spontané, ou bon sens, ou sens commun......... 108

Caractères des principes premiers	109
Classification des vérités premières	110
Théorie de Kant sur les jugements synthétiques a *priori*, et discussion	111
Formes et principes d'espace et de temps	111
Principes d'identité et de non-contradiction	112
Principe de raison suffisante	112
Principe de causalité	112
Principe de substantialité	113
Principe de finalité	113
Principe des lois ou de l'induction ; sa réduction à la causalité et à la finalité	113
Rôle et importance des vérités premières	113
II. — Problème de l'origine des vérités premières. Empirisme et rationalisme	114
A. Théories empiriques : a) Sensualisme de Locke et de Condillac, et discussion	114
b) Associationnisme (Hartley, Hume, Mill), et discussion	115
c) Théorie de l'hérédité et de l'évolution (Spencer), et discussion	116
B. Doctrines rationalistes : a) Platon, Malebranche, Kant ; b) Aristote, Descartes, Leibniz	117
Conclusion. Subordination de l'entendement à la raison	118

CINQUIÈME SECTION

FACULTÉ D'EXPRESSION, LES SIGNES ; RAPPORTS DU LANGAGE ET DE LA PENSÉE

I. — Définition générale du langage	121
Distinction des indices, et des signes du langage	121
Diverses sortes de langage	122
A. Langage naturel ; ses caractères ; son interprétation	122
B. Langage articulé ; la parole	122
1. Théories sur l'origine de la parole	123
2. Rapports de la parole et de la pensée	125
Théorie exagérée de Condillac, et discussion	125
Abus du langage ; erreurs du langage	125
Langues synthétiques et analytiques	126
Classifications des langues	126
D'une langue universelle	127
De la grammaire générale	127
C. Langage conventionnel ; ses principales formes	128
De l'écriture ; ses diverses espèces	128

LIVRE III

La vie active

L'activité ; ses diverses formes : instinct, habitude, volonté.... 133

CHAPITRE I

L'instinct et les instincts

Définition 134
Caractères de l'instinct...................................... 134
Classification des instincts.................................. 134
Théories sur l'origine de l'instinct.......................... 135
Rôle de l'instinct chez l'animal et chez l'homme.............. 137
Appendice. Psychologie comparée en général ; sa méthode....... 137
Comparaison de l'homme et de l'animal......................... 138

CHAPITRE II

L'habitude

Nature et origine de l'habitude............................... 140
Distinction de l'habitude et de l'instinct.................... 141
Lois de l'habitude.. 141
Diverses espèces d'habitudes.................................. 142
Domaine et effets de l'habitude. Ses dangers.................. 142

CHAPITRE III

La volonté et la liberté

I. — Nature et caractères de la volonté....................... 144
Analyse de l'acte volontaire.................................. 144
II. — La liberté ; ses diverses espèces....................... 145
Preuves de la liberté, et discussion.......................... 145
III. — Doctrines opposées à la liberté, et discussion : A. Fatalisme.. 148
B. Déterminisme ; ses diverses formes......................... 149
Distinction du désir et de la volonté......................... 151
C. Liberté d'indifférence..................................... 151

CHAPITRE IV

Le caractère et la personnalité. L'automatisme psychologique

IV. — Le caractère. Rapports de la volonté et de l'habitude.... 154
Conciliation du déterminisme et de la liberté.................. 155
L'éducation.. 155
Abus et maladies de la volonté................................... 155
La personnalité.. 156
Altérations de la personnalité : l'automatisme psychologique... 156
Rôle de la volonté... 159

DEUXIÈME PARTIE

ESTHÉTIQUE

Définition et divisions.. 163

CHAPITRE I

Le beau

I. — Le beau. A. Ses effets : sentiment et jugement esthétiques.. 164
B. Sa nature : principales définitions. Eléments du beau....... 165
Diverses sortes de beauté.. 166
Le beau, distingué de l'agréable et de l'utile.................. 167
C Comparaison du joli, du beau, du sublime..................... 167
Le beau, distingué du vrai et du bien........................... 168

CHAPITRE II

L'art

II. — Principe de l'art : réalisme et idéalisme.................. 169
A. L'art imitation (réalisme) ; discussion...................... 169
B. L'art création (idéalisme pur) ; discussion.................. 170
C. L'art idéalisation, par interprétation. Fiction et idéal..... 170
L'art et les règles ; subjectivisme, impressionnisme, et discussion.. 171
Le talent, le génie, le goût.................................... 171

Classification des arts.................................... 172
D. Rôle de l'art. Son rôle social......................... 172
L'art et la moralité...................................... 173
L'art et la religion...................................... 173

TROISIÈME PARTIE

LOGIQUE

Définition et divisions. But théorique, et but pratique......... 177
Rapports et différences avec la psychologie : raisonnement et raison... 177

LIVRE I

Logique formelle

Objet et divisions de la logique formelle..................... 181
Principe fondamental de la logique formelle.................. 181

CHAPITRE I

Les idées et les termes

A. Le terme et l'idée..................................... 182
Classification des termes................................. 182
Rapports des idées entre elles, et des termes entre eux........ 183
B. Nature et règle de la définition......................... 183
Limites de la définition................................... 184
Qualités de la définition.................................. 184
Fautes contre la définition................................ 184
Définitions nominales et définitions réelles, et discussion...... 185
C. De la division... 185

CHAPITRE II

Les propositions

Nature et éléments de la proposition....................... 187
Diverses sortes de propositions............................ 187
Théorie d'Hamilton : quantification du prédicat.............. 188

CHAPITRE III

Le raisonnement et ses diverses formes

Nature du raisonnement en général.................... 190
Déduction immédiate et médiate..................... 190
A. Déduction immédiate. Conversion et opposition des propositions.. 190

CHAPITRE IV

Le syllogisme

B. Déduction médiate; syllogisme.................... 195
Les termes du syllogisme. Rôle du moyen terme.............. 195
Règles du syllogisme.............................. 196
Figures du syllogisme............................. 199
Modes du syllogisme.............................. 199
Syllogismes irréguliers ou dérivés................... 200
Valeur de la déduction et du syllogisme.................. 200

LIVRE II

Logique appliquée

Son objet 207

CHAPITRE I

Classification et hiérarchie des sciences. De la méthode en général

I. — Classifications des sciences ; divers systèmes proposés, et discussion.. 207
II. — Méthode en général ; analyse et synthèse.............. 214
Diverses sortes de méthodes........................ 215

CHAPITRE II

Méthode des sciences mathématiques

Objet et divisions des sciences mathématiques............... 216
Objet et nature des notions mathématiques................. 217

Méthode mathématique ; éléments de la démonstration......... 217
Principes de la démonstration : axiomes et définitions ; postulats... 218
Diverses sortes de démonstrations.......................... 219

CHAPITRE III
Méthode des sciences de la nature

Distinction des sciences physiques et naturelles.............. 220
I. — Méthode des sciences physiques ; ses procédés........... 220
   A. Nature et qualités de l'observation..................... 221
   B. Nature et qualités de l'hypothèse...................... 221
   Hypothèse et analogie................................... 222
   Diverses sortes d'hypothèses............................. 222
   Théories et systèmes 223
   C. Nature et rôle de l'expérimentation.................... 223
   Formes de l'expérimentation 223
   Méthodes de Bacon et de Stuart Mill, pour la détermination expérimentale de la cause 224
   D. De l'induction.. 225
   Induction vulgaire, et induction scientifique.............. 225
   Fondement de l'induction................................ 226
   Théories rationalistes de l'induction..................... 227
   Différence de la méthode expérimentale et de l'empirisme..... 228

CHAPITRE IV
Méthode des sciences naturelles

II. — Procédés de cette méthode............................. 229
   A. Observation, hypothèse, expérimentation................ 229
   B. Définition empirique.................................. 229
   C. Analogie. Rapports de l'induction et de la déduction dans les sciences de la nature............................. 230
   D. Classification. Ses diverses espèces.................... 231

CHAPITRE V
Méthode des sciences morales et sociales

Objet et conditions des sciences morales, distinguées des sciences naturelles... 234

Caractères des lois régissant les faits moraux.................. 234
Classification des sciences morales........................ 235
A. Sciences morales réelles : 1. Méthode de l'histoire : critique du témoignage................................... 235
2. Méthode de la sociologie et de la philosophie de l'histoire.. 237
B. Sciences morales idéales...................,.......... 237

CHAPITRE VI

Logique critique. La vérité et l'erreur

La vérité et l'erreur....................................... 238
I. — Certitude, ignorance, doute, opinion, probabilité........... 238
Diverses sortes de certitude................................ 239
Criterium de la certitude. Différents critères proposés, et discussion..... 240
L'évidence.. 242
Rapports de la certitude et de l'évidence. Vérité et réalité..... 243
II. — L'erreur et les sophismes. Définition et nature de l'erreur. 243
Causes de l'erreur... 244
Classifications des sophismes............................... 245
Remèdes de l'erreur.. 247

QUATRIÈME PARTIE

MORALE

Préliminaires

Objet et divisions de la morale............................. 253
Ordre des questions.. 253
Méthode en morale.. 253
Rapports de la morale et de la psychologie 254
Rapports de la morale et de la théodicée.................... 254
Caractère à la fois théorique et pratique de la morale........... 25_4

LIVRE I

Morale théorique

CHAPITRE I

La conscience morale

Problèmes de la morale spéculative......................... 259
Conscience morale et conscience psychologique............... 259

Eléments de la conscience morale : sentiments et jugements... 260
Nature et origine de la conscience morale : 1. Théories empiriques.. 261
2. Origine a *priori* de la conscience morale..................... 262
Valeur de la conscience morale....................................... 263

CHAPITRE II

Diverses théories sur l'idée du bien

Les mobiles de la conduite et les fins de la vie humaine....... 264
I. — Morales empiriques : A. Morales utilitaires................. 264
   1. Hédonisme... 264
   2. Morales de l'intérêt.. 265
Discussion de l'utilitarisme.. 266
B. Morales sentimentales : 1. Morale de la satisfaction intérieure.. 267
   2. Doctrine de la bienveillance..................................... 267
   3. Doctrine de la sympathie... 268
   4. Morale altruiste et évolutionniste............................ 268

CHAPITRE III

Théorie du devoir et de la loi morale

II. — La loi morale et le devoir... 270
Loi morale, lois cosmiques, lois civiles.............................. 270
Valeur morale de l'intention.. 271
Bien en soi et bien moral.. 271
Détermination rationnelle du bien idéal........................... 272
Fondement supranaturel de la loi morale ; discussion de la morale indépendante.. 273

CHAPITRE IV

Responsabilité, vertu, sanctions

Responsabilité, imputabilité... 274
Conditions et degrés de la responsabilité........................ 274
Mérite et démérite.. 274
De la vertu.. 275
Sanction, ses diverses espèces. Le devoir et le bonheur.. 276

LIVRE II
Morale appliquée

Objet de la morale appliquée 281
Division des devoirs 281
Conflits des devoirs 281

CHAPITRE I
Morale personnelle

Réalité et fondement des devoirs personnels 282
Division des devoirs personnels. I. Devoirs envers le corps ... 283
A. Devoirs de respect : conservation 283
B. Devoirs de perfectionnement 283
II. — Devoirs envers l'âme. A. Devoirs envers la sensibilité .. 284
Responsabilité des passions 284
B. Devoirs envers l'intelligence 285
C. Devoirs envers la volonté. Dignité personnelle ; autonomie morale, en quel sens 285
Du travail 285
Examen de conscience 286

CHAPITRE II
Morale sociale

Division des devoirs sociaux 287
I. — Devoirs généraux. A. Devoirs de justice 287
a) Respect de la vie de nos semblables : légitime défense, guerre, peine de mort, duel, assassinat politique 287
b) Devoirs envers l'âme de nos semblables : respect de la sensibilité d'autrui 288
Respect de l'intelligence d'autrui 288
Respect de la liberté d'autrui 288
Respect de la propriété ; liberté du travail 289
Respect de l'honneur et de la réputation 289
La justice et le droit ; nature et caractères du droit 289
Diverses théories sur le fondement du droit, et discussion 290
Rapports du droit et du devoir 291
Droit naturel, droit positif 291

Principaux droits naturels.................................... 292
B. Devoirs de charité... 292
Principaux devoirs de charité................................. 292
Rapports des devoirs de justice et des devoirs de charité...... 293

CHAPITRE III

Morale sociale (suite)

II. — Devoirs spéciaux. Leur division........................ 294
A. Morale domestique. La famille, son fondement............. 294
Le mariage. Devoirs des époux. Le divorce................... 294
Devoirs des parents... 295
Devoirs des enfants... 295
Devoirs des maîtres et des serviteurs, des patrons et des ouvriers... 295
B. Morale civique. L'état, la nation, la patrie............... 295
Origine de la société civile................................. 296
Cosmopolitisme, internationalisme............................ 296
Le gouvernement ; son origine................................ 297
Formes de gouvernements ; les trois pouvoirs et la loi....... 297
Fonctions naturelles de l'Etat, ses devoirs.................. 298
Empiétements de l'Etat ; monopoles illégitimes............... 299
L'Etat et la famille. Rôle social de la famille.............. 299
L'Etat et la propriété. 1. Socialisme en général............. 299
2. Socialisme d'Etat : a) Communisme......................... 300
b) Collectivisme... 300
Devoirs des citoyens envers l'Etat........................... 301
Droits des citoyens.. 301
Egalité civile et politique. La démocratie................... 301
Conclusions de la morale civique : a) La solidarité et les œuvres sociales... 301
b) Lutte contre l'alcoolisme................................. 302
C. Morale internationale. Le droit des gens................... 303
La civilisation et le progrès de l'humanité.................. 304

CHAPITRE IV

Morale religieuse

Importance des devoirs envers Dieu........................... 305
A. Culte privé. Objections et réponses........................ 305
B. Culte public.. 306
Devoirs envers l'ordre universel et envers les animaux....... 306

CINQUIÈME PARTIE

MÉTAPHYSIQUE

Objet et divisions... 311

LIVRE I

Métaphysique critique. Valeur objective de la connaissance

Problème ancien et problème moderne de la valeur de la connaissance... 315

CHAPITRE I

Scepticisme et probabilisme

Scepticisme ; ses principaux représentants anciens et modernes. 315
Arguments du scepticisme, et discussion..................... 316
Services historiques du scepticisme.......................... 318
Du probabilisme... 319

CHAPITRE II

Relativisme

A. Relativisme positiviste ou objectif........................ 321
Critique... 321
B. Relativisme criticiste ou subjectif......................... 323
Critique... 323

CHAPITRE III

L'idéalisme et la valeur objective de la connaissance

A. Idéalisme subjectif : position de la question. Réalité du monde extérieur.. 326
Idéalisme de Berkeley, de Fichte, de Hume et Mill........... 327
Discussion de ces doctrines................................. 328
B. Idéalisme objectif....................................... 329
Théorie de la valeur objective de la connaissance : réalisme métaphysique.. 330

LIVRE II

Ontologie. Essence des êtres créés. Problème de la substance

De la nature en général... 335

CHAPITRE I

A. *Cosmologie rationnelle générale*

Division des questions.. 336
1. Espace et temps ; leurs caractères........................... 336
Théories sur la nature de l'espace et du temps : a) Théories objectivistes... 336
b) Théorie subjectiviste de Kant.................................. 337
c) Théorie mixte de Leibniz....................................... 337
d) Théorie de Spencer : impossibilité de réduire l'espace au temps, et inversement..................................... 338
2. Des lois de la nature ; leur contingence.................... 339

CHAPITRE II

B. *Cosmologie rationnelle spéciale : la matière et la vie*

1. Diverses théories sur l'essence de la matière............... 340
Discussion de ces théories....................................... 341
2. Diverses théories sur la nature de la vie, et discussion... 341

CHAPITRE III

Psychologie rationnelle

Ordre des questions.. 345
a) Distinction de l'âme et du corps.............................. 345
Arguments du matérialisme, et discussion....................... 345
Spiritualité de l'âme.. 347
Conception phénoméniste du moi, et discussion................. 347
Spiritualisme dualiste, spiritualisme moniste................. 348
b) Théories sur l'union de l'âme et du corps, et discussion... 349

LIVRE III

Théodicée. Problème de la cause

Objet et divisions... 353

CHAPITRE I

Matérialisme, transformisme, évolutionnisme, dualisme

a) Matérialisme, et discussion................................. 354
b) Transformisme, et discussion................................ 354
c) Evolutionnisme, et discussion............................... 356
d) Dualisme, et discussion..................................... 356

CHAPITRE II

A. *Démonstration de l'existence de Dieu*

Diverses sortes de preuves.................................... 358
1. Preuves physiques.. 358
Objections contre le créationnisme, et discussion............. 360
2. Preuves métaphysiques...................................... 360
3. Preuves morales.. 361

CHAPITRE III

B. *Attributs de Dieu*

Diverses sortes d'attributs................................... 364
1. Attributs métaphysiques.................................... 364
2. Attributs moraux... 365
Objection. Anthropomorphisme, nature finie de toute personnalité. Discussion... 365
Le panthéisme; ses différentes formes......................... 365
Critique.. 366

LIVRE IV

Téléologie. Problème de la fin

CHAPITRE I

La raison d'être du monde. Optimisme et pessimisme

Gouvernement du monde. La Providence	369
1. Le pessimisme; les diverses formes du mal	369
Discussion	370
2. L'optimisme	371
Optimisme relatif; optimisme absolu	371

CHAPITRE II

Immortalité de l'âme

a) Preuve psychologique	373
b) Preuve métaphysique	373
c) Preuve morale	374

TABLEAUX SYNOPTIQUES

Rapports du physique et du moral	18
Méthode de la psychologie	28
Tableau général de la sensibilité	50-51
Théories empiriques sur l'origine des principes de l'entendement	120
Diverses sortes de langage	129
Psychologie comparée. L'homme et l'animal	139
Volonté et liberté	152-153
Conversion et opposition des propositions	194
Le syllogisme	202-203
Classification des sciences d'après Ampère	212-213
Classification des sophismes	250
Classification des devoirs	307
Scepticisme	320
Relativisme	325
Divers systèmes sur la vie	341
Preuves de l'existence de Dieu	363

LAVAL. — IMPRIMERIE PARISIENNE, L. BARNÉOUD & Cⁱᵉ.

Documents manquants (pages, cahiers...)
NF Z 43-120-13

www.ingramcontent.com/pod-product-compliance
Lightning Source LLC
Chambersburg PA
CBHW052034230426
43671CB00011B/1644